Gottesleuchten

Uwe Böschemeyer

Gottesleuchten

Begegnungen mit dem unbewussten Gott in unserer Seele

Kösel

FSC
Mix
Produktgruppe aus vorbildlich
bewirtschafteten Wäldern und
anderen kontrollierten Herkünften

Zert.-Nr. SGS-COC-1940
www.fsc.org
© 1996 Forest Stewardship Council

Verlagsgruppe Random House FSC-DEU-0100
Das für dieses Buch verwendete FSC-zertifizierte Papier *EOS*
liefert Salzer, St. Pölten.

Umschlag: Elisabeth Petersen, München
Umschlagmotiv: Medio Images, gettyimages
Druck und Bindung: GGP Media GmbH, Pößneck
Printed in Germany
ISBN: 978-3-466-36742-9

www.koesel.de

Für meine Eltern

Inhalt

Vorwort

Die wahre Geschichte des Geistes ist nicht
in gelehrten Büchern aufbewahrt,
sondern in dem lebenden seelischen Organismus
jedes Einzelnen.

C.G. Jung

Ich habe eine Reihe von Büchern geschrieben, doch mit keinem war ich so eins wie mit diesem. Die anderen habe ich in aller Freiheit geschrieben, dieses musste ich schreiben – nicht aus Zwang, sondern aus dem Gefühl heraus, die Erfahrungen, die ich mitteilen werde, nicht für mich behalten zu dürfen.

Ich gebe das Buch nicht ohne Scheu heraus, denn viele Passagen werden Ihnen, verehrte Leser, so fremd erscheinen, dass Sie auf die Idee kommen könnten, das Buch sei Schwärmerei. Dabei liegt mir nichts ferner als das.

Was ich seit vielen Jahren an inneren Bildern, die den »unbewussten Gott« (Frankl) symbolisieren, wahrnahm, hat mich von Beginn an zutiefst erstaunt und zugleich äußerst kritisch sein lassen. Denn ich wollte weder meinen Klienten noch mir selbst Illusionen zumuten. Dabei kam mir zugute, dass meine Arbeit mit inneren Bildern in Theorie und Praxis von seriösen Kollegen und Klienten begleitet wurde. Ihnen, besonders aber jenen, die mir für dieses Buch ihre persönlichen Aufzeichnungen zur Verfügung stellten, möchte ich an dieser Stelle herzlich danken.

An den Anfang habe ich einen kurzen und hoffentlich gut lesbaren Theorieteil gestellt. Im Hauptteil, der sich ganz der Praxis widmet, lasse ich, nachdem ich das jeweilige Thema eingeleitet habe, die Imaginanden selbst ihre Erfahrungen erzählen. Am Ende versuche ich, so unmittelbar wie möglich darzulegen, welche Bedeutung diese Erfahrungen für die Realität der Imaginanden haben.

Mir liegt an der Vorbemerkung, dass die inneren Bilder, von denen gleich die Rede sein wird, unter fachkundiger Anleitung erfahren wurden. Niemand sollte mit ihnen experimentieren!

Ob ich Sie bitten darf, die Erzählungen nicht zu rasch zu lesen? Denn die inneren Bilder schenken uns nur dann ihre Wirkkraft, wenn wir uns ihnen behutsam anvertrauen. Und sollte sich jemand von der dichten Emotionalität der Erzählungen »erschlagen« fühlen, dann läge es nahe, häufiger eine Pause einzulegen.

Zum Schluss: Auf vielen Seiten ist von »er« und »ihm« die Rede. Natürlich meine ich damit den Menschen, die Frau und den Mann.

Uwe Böschemeyer

Einführung

Es ist 16 Uhr. Zehn Menschen sitzen an einem nicht besonders gepflegten ovalen Tisch in einem Raum, der schon bessere Tage gesehen hat. Einige Bilder, nicht sorgsam genug aufeinander abgestimmt, »zieren« die Wände. Die Luft im Raum könnte klarer sein. Nein, der Raum ist kein besonderer. Und auch die Menschen, die an dem Tisch sitzen, sind keine besonderen. Das gilt ebenso für den Mann, der die folgende Sitzung leitet.

Doch was in der Sitzung *geschieht*, erleben alle Beteiligten als etwas Besonderes, nicht Begreifbares, tief Bewegendes, Überwältigendes. Wenn dann nach einer halben Stunde die »Wanderung« in die innere Welt – ich nenne sie Wertimagination – mit einem leise gesprochenen Satz des Leiters beendet wird, schweigen alle und schreiben auf, was sie erlebt haben – Unbegreifliches aus einer, wie es scheint, ganz anderen Welt. Es gibt kein Treffen, in dem und nach dem die Teilnehmer nicht über die Fremdheit und Schönheit ihrer inneren Bilder staunen, vor allem aber über die konkreten Wirkungen auf Leib, Seele und Geist.

Was haben diese zehn »gemacht«? Zunächst hatten sie sich auf das Ziel ihrer Wanderung verständigt, danach die Augen geschlossen und sich auf den inneren Weg gemacht. Wohin? Zum Beispiel zum »Ort der Freiheit«, zum »Ort des Mutes« oder zu ihrem eigenen »ursprünglichen Bild«.

Besonders interessant, aufregend, geradezu überwältigend sind jedoch die inneren Wanderungen, in denen die Imaginanden – so nenne ich die Wanderer der inneren Welt – mit inneren Bildern in Berührung kommen, die nichts mehr oder kaum noch mit bewusst erlebten Erfahrungen zu tun, sondern spirituellen Charakter haben.

Spiritualität?

Das diesem Begriff zugrunde liegende Wort lautet *Spiritus*. Es kommt aus dem Lateinischen und bedeutet Lufthauch,

Atem, Leben, Seele, Geist, Sinn, Begeisterung, Schwung, Selbstgefühl, Mut.

Spiritualität lässt sich als die Erfahrung beschreiben, dass Gedanken keinen Anfang und kein Ende haben, dass das Leben weit mehr Dimensionen hat, als unser Verstand erkennen kann, dass weder kausales noch ganzheitliches Denken die Wirklichkeit hinreichend erfasst. Es ist die Erfahrung, dass die innere Welt zwar keine Grenze kennt, jedoch einen Grund, und dass dieser Grund kein unpersönlicher ist, dass Offenheit und Staunen und Vertrauen und Ehrfurcht die angemessenen Ausdrucksformen dem Leben gegenüber sind – dem Leben, das vom Spiritus, vom Geist, gehalten und durchwirkt wird. Erlauben Sie mir, Spiritus mit »Gott« oder »das Göttliche« zu übersetzen.

Spiritualität ist mehr als ein Modethema dieser Zeit. Denn Menschen stellen mehr als in anderen Zeiten Fragen wie diese – mit großem Ernst und also existenziell: Welche Werte gelten (noch)? Welche Wegweiser für das Leben gibt es? Wie finde ich Sinn für mein Leben? Was trägt, was hält mich, wenn ich versage? Wie halte ich das Leben aus? Gibt es etwas in mir selbst oder in der Welt oder im Leben, das mir Grund, Mitte und Ziel sein kann? Warum sind die Moslems so leidenschaftliche Anhänger Allahs, während viele Bewohner des »christlichen Abendlandes« so tun, als habe es den Christus nie gegeben?

Auf solche und ähnliche Fragen wollen Menschen unserer Zeit keine nur theoretischen, sondern solche Antworten, die mit gelebtem Leben zu tun haben. Es trifft zu, was Jörg Zink vor nicht langer Zeit gesagt hat: »Was wir … heute wieder neu entdecken müssen, ist das breite Feld der religiösen, der spirituellen Erfahrung … Unser ganzes praktisches Leben ist ohne Erfahrung nicht denkbar, auch nicht ohne die, die wir als nachdenkliche Menschen mit unserer eigenen denkenden Bemühung machen. Aber wie steht es mit den Erfahrungen, die wir an jener Grenze machen, vor der unser Nachdenken endet? Es geht ja im christlichen Glauben nicht (mehr, *Anm. d. Verf.*) um die Bereitschaft, bestimmte Glaubenssätze für richtig zu halten, sondern um ein Erleben und Bekennen, ein Ahnen und Schauen und Hören und Verwirklichen dessen, was wir glauben.«[1]

Der unbewusste Gott

Wenn Menschen leiden, haben sie eine Hauptfrage, und sei sie ihnen noch so wenig bewusst: die nach dem inneren Halt. Nicht ein bestimmtes körperliches, seelisches, geistiges oder soziales Problem stellt letztlich ihre größte Bedrängnis dar, sondern die ungelöste Frage, was sie halten, tragen und bergen kann, wenn das Leben für sie schwer, vielleicht zu schwer geworden ist – die Frage, worin sie Sinn finden können, wenn die bekannten Sinnquellen zu versiegen beginnen. Denn die Frage nach dem Sinn ist im Letzten die Frage nach dem Halt im Leben.

Die Frage nach dem inneren Halt beschäftigt jedoch keineswegs nur den Bedrängten, sondern auch jeden Menschen, der ein verfeinertes Gefühl dafür hat, dass die Frage nach dem Grund des Lebens zu den menschlichsten aller Fragen zählt. Denn es gehört zum Menschen, über sich selbst hinaus nach Grund, Ziel und Mitte des Lebens zu fragen, und er tut dies, weil er aufgrund seiner Erfahrung von der Brüchigkeit des Glücks und der daraus resultierenden Angst im Leben weiß.

Die Frage nach dem inneren Halt und dem Grund war seit jeher auch die Frage nach der tragenden Hand des Lebens, nach Gott. Seit jeher aber war den Menschen auch die Unverfügbarkeit Gottes bewusst.

Trotzdem: Menschen sind keine Steine, die nur dann von der Sonne beschienen werden, wenn sie in einem günstigen Strahlungswinkel liegen. Menschen können aus dem Schatten heraus ins Licht treten. Zwar werden auch sie kein Licht empfangen, wenn die Sonne nicht scheint, doch können sie auf sie warten oder ihr entgegengehen. Das bedeutet? Die Beziehung zu Gott oder dem Göttlichen – das ist die Grundthese dieses Buches – kann man nicht machen, aber man kann sich für sie öffnen. Doch wie soll das gehen?

»Die Menschen gehen und bewundern die Höhen der Gebirge, die gewaltigen Wogen des Meeres, den breiten Fluss der Ströme, den Umfang des Ozeans und den Umlauf der Gestirne, auf sich selbst aber achten sie nicht.«[2] Diesen Satz schrieb vor 1600 Jahren Augustin, der Vater der abendländischen Mystik, der nach Karl Jaspers einer der großen Philosophen der Menschheitsgeschichte war.

Worum ging es Augustin? Um eines nur: Gott zu kennen und sich selbst zu kennen. Auf welchem Wege? »Gehe nicht nach draußen«, sagte er, »kehre in dich selber ein; im inneren Menschen wohnt die Wahrheit; und wenn du deine Natur in ihrer Wandelbarkeit erkannt hast, überschreite auch dich selbst.«[3] Augustins Seelenerkenntnis ist Gotteserkenntnis und seine Gotteserkenntnis ist Seelenerkenntnis. Im Grunde der Seele sieht der Mensch Gott, sieht er die Seele in Beziehung zu dem ganz Anderen. Über das Innerste also, so Augustin, führt der Weg zu ihm. Verständlich daher, dass Wilhelm Windelband diese Art der Gotteserkenntnis »Metaphysik der inneren Erfahrung«[4] nannte.

Augustin gehört in die Reihe der großen abendländischen Mystiker. Die Mystik, die allen Religionen zu eigen ist, hat viele unterschiedliche Ausprägungen. Allen gemeinsam jedoch ist die Form spirituellen Erlebens: die Erkenntnis Gottes aufgrund von Erfahrung, die eine Vereinigung mit ihm oder einer transzendenten Wirklichkeit sucht. Nach Jaspers wird dieses Band (Gotteserfahrung – Seelenerfahrung) bei Augustin nicht zugunsten einer bloßen Psychologie zerrissen. Man habe Augustin zwar den ersten modernen Psychologen genannt, doch handele es sich in dessen »Psychologie« trotz aller Beschreibung wirklicher Erscheinungen nicht um eine Wissenschaft erforschbarer empirischer Realitäten, sondern um die Durchhellung inneren Handelns, um die Gegenwärtigkeit in der Seele als Ausgangspunkt unseres Wissens. »Nie vorher«, so Jaspers, »habe der Mensch so vor seiner eigenen Seele gestanden, nicht Heraklit ..., nicht Sokrates und Plato, denen alles am Heil der Seele gelegen habe.« Noch einmal Augustin selbst: »Ein unendlicher Abgrund ist der Mensch (*grande profundum est ipse homo*). Du hast seine Haare, o Herr, gezählt, aber leichter fürwahr ist, seine Haare als die Empfindungen und Neigungen seines Herzens zu zählen.«[5]

Etwa neunhundert Jahre später beschreibt ein anderer großer Mystiker, Meister Eckart, ähnlich wie Augustin die Beziehung zwischen Gottes- und Seelenerfahrung: »Vergebens erhebt er (der Mensch) das Auge des Herzens zum Schauen Gottes, wenn er nicht fähig ist, sich selbst zu schauen. Zuerst lerne der Mensch sein Unsichtbares zu erkennen, bevor er sich unterfange, das Unsichtbare Gottes erfassen zu wollen.«[6] Und an anderer Stelle mahnt Eckart: »Denn, wer kommen will in Gottes Grund, in dessen Innerstes, der muss zuvor in seinen *eigenen* Grund, in *sein* Innerstes kommen; denn niemand kann Gott erkennen, der nicht zuvor sich selbst erkennen müsste.«[7]

Vor über drei Jahrzehnten erfuhr ich von Viktor E. Frankls These vom »unbewussten Gott«[8]. Ich fand sie für Kirche, Theologie, Persönlichkeitsbildung und Psychotherapie höchst bemerkenswert, sah jedoch zunächst keine mich befriedigenden Möglichkeiten, daraus praktische Konsequenzen ziehen zu können.

Was meinte Frankl mit dem Begriff?

Der Begriff meint nicht, Gott sei an sich oder sich selbst unbewusst, er besagt vielmehr, dass Gott und die Beziehung zu ihm dem Menschen unbewusst sein kann, nämlich verdrängt und ihm selbst verborgen. In seiner Traumdeutung, die sich primär auf den unbewussten Geist konzentrierte, begegnete Frankl Patienten, die sich atheistisch oder nichtreligiös nannten, und entdeckte selbst bei ihnen unbewusste Religiosität. Daraus zog er den Schluss, »dass Gott von uns unbewusst immer schon intendiert ist, dass wir eine, wenn auch unbewusste, so doch intentionale Beziehung zu Gott immer schon haben«,[9] dass, einfacher formuliert, jeder Mensch in seiner Tiefe religiös ist. Diese These vom unbewussten Gott hatte im Bereich der Psychotherapie bereits C.G. Jung eindrucksvoll entfaltet.

Dass Religiosität alles andere als eine anthropologische Nebensache, vielmehr für jeden Menschen eine Hauptsache darstellt – ob er sie wahrhaben will oder nicht –, darauf hatte Jung in seinem langen Forscherleben immer wieder hingewiesen: »Ich habe die Tatsachen vorgelegt, welche beweisen, dass die Seele *naturaliter religiosa* ist …« Und trotzig, trotzig vor allem gegen eine Vielzahl chronisch ihn missverstehender Theologen, fügte er hinzu: »Nicht ich – Gott selbst hat die Seele vergottet.«[10]

Nach Jung kennt das Unbewusste keine Grenze. Es ist offen zur Transzendenz. Es gibt, sagt Jürgen Linnewedel in seiner Darstellung Jungs, »eine ›offene Zone‹, über die göttliches Licht, göttliche Kraft, göttlicher Frieden in den Menschen einströmen oder in ihm aufströmen können, sein Bewusstsein zu erfüllen vermögen – so machtvoll und total, dass der Mensch sich als ›in Gott‹ empfindet: hineingenommen in Gott, aufgenommen in Gott, geborgen und ruhend in Gott wie ein Tropfen im Meer.«[11]

Dass Jung die Seele als *naturaliter religiosa* verstand, war das Ergebnis seiner konkreten Arbeit an zahllosen Traumbildern, die seine Patienten ihm schilderten. Diese Bilder zeigten eindrucksvoll, welche Bedeutung die ungelebte Religiosität für das gesamte Lebensgefühl haben kann. »Großstädterneurose des Atheismus« nannte er deshalb die seelische Problematik vieler Patienten, die ihn zu dem denkwürdigen Satz veranlassten: »Seit 30 Jahren habe ich eine Klientel aus allen Kulturländern der Erde. Viele Hunderte von Patienten sind durch meine Hände gegangen ... Unter allen meinen Patienten jenseits der Lebensmitte, das heißt 35, ist nicht ein einziger, dessen endgültiges Problem nicht das der religiösen Einstellung wäre. Ja, jeder krankt in letzter Linie daran, dass er das verloren hat, was lebendige Religionen ihren Gläubigen zu allen Zeiten gegeben haben, und keiner ist wirklich geheilt, der seine religiöse Einstellung nicht wieder erreicht, was mit Konfessionen oder Zugehörigkeit zu einer Kirche natürlich nichts zu tun hat. Hier ... breitet sich für den Seelsorger ein ungeheures Gebiet aus. Aber es scheint, als ob es noch niemand bemerkt hätte.«[12]

Worum es Jung primär ging, fasste er in dem Satz zusammen: »Er (der Mensch) muss erfahren, was ihn trägt, wenn er sich nicht mehr tragen kann. Einzig diese Erfahrung gibt ihm eine unzerstörbare Grundlage.«[13] Und an anderer Stelle sagt er nicht weniger deutlich: »Derjenige, der die religiöse Erfahrung hat, besitzt den großen Schatz einer Sache, die ihm zu einer Quelle von Leben, Sinn und Schönheit wurde, und die der Welt und der Menschheit einen neuen Glanz gegeben hat. Er hat Pistis (Glaube) und Frieden«.[14] So ist Jungs persönliches Credo, das er drei Jahre vor seinem Tode äußerte, nicht verwunderlich: »Meine *raison d'être* besteht in der Auseinandersetzung mit dem undefinierbaren Wesen, das man ›Gott‹ nennt.«[15]

Im Lauf meiner Wertimaginationsarbeit fiel mir auf, dass sich immer wieder Bilder zeigten, die die Klienten selbst als spirituelle Symbole empfanden und sie auch so benannten. Dabei handelte es sich um Symbole aus christlich-abendländischer Tradition ebenso wie um allgemein spirituelle. Diese Symbole hatten weder meine Klienten noch ich selbst gesucht! Schon gar nicht hatte ich beabsichtigt, einen neuen Zugang zu mystischen Erfahrungen zu suchen, lag mir doch daran, weltanschaulich stets offen zu sein.

Merkwürdigerweise begegneten jedoch auch solche Klienten spirituellen Bildern, die ihrer eigenen Aussage nach nichts oder kaum etwas mit Kirche, Theologie oder Religion zu tun hatten. Und – seltsamerweise – hatten beide Gruppen, die »Spirituellen« wie die »nicht Spirituellen«, die gleichen tiefen und überwältigenden Gefühle.

Um welche Gefühle handelt es sich?

Wenn ich Menschen frage, wonach sie sich am meisten sehnen, sprechen sie, nachdem sie die »schnellen« Antworten (Erfolg, Anerkennung, Geliebtwerden, gute Familie, soziale Sicherheit, mehr Zeit etc.) als nicht ausreichend empfunden haben, von Geborgenheit im Leben, von innerer Heimat, von tiefem Sinngefühl, davon, im Leben verwurzelt zu sein, davon, im Leben sein zu dürfen, vom Leben geliebt zu werden. Gewiss, die Wortwahl ist unterschiedlich, die Inhalte nicht. Von diesen Gefühlen aber sprechen auch und vor allem die Imaginanden, wenn sie in der Tiefe ihrer Seele spirituellen Bildern begegnen. Und die Erfahrung zeigt, dass Menschen mit Begegnungen dieser Art sich anders fühlen, anders leben, ein anderes Verhältnis zur Welt entwickeln. Anders? Freier, zuversichtlicher, lebensbejahender, sinnvoller – vom Leben getragen, in Gott geborgen.

Diese Erfahrungen scheinen mir Grund genug, diese Erfahrungen mitteilen zu sollen, zumal sie die Annahme zulassen, dass Spiritualität nichts weniger ist als ein Existenzial, also ein zu *jedem* Menschen gehörendes Gefühl – und daher ein wesentlicher Aspekt aller Fachbereiche, die sich für die Hilfe am Menschen zuständig wissen, also zum Beispiel aller Formen von Persönlichkeitsbildung und Psychotherapie. Ist aber Spiritualität ein Existenzial, dann ist es nicht nur konsequent, sich mit ihr auseinanderzusetzen, sondern auch möglich, zulässig, sogar wünschenswert, sich in Wertimaginationen ebenso auf spirituelle Symbole bewusst auszurichten wie auf andere Existenziale auch.

Zunächst begegneten wir spirituellen Symbolen eher zufällig. Dann wagte ich den Versuch, jene inneren »Orte« suchen zu lassen, an denen der Erfahrung nach spirituelle Gefühle erlebt werden. So wanderten wir zum Beispiel zur Quelle des Atems – zur tiefen Geborgenheit – zur Güte – zum Geliebtwerden – zur Hauptsache – zum Zentrum – zum Innersten – zum inneren Frieden – zu den guten Mächten – zur inneren Einheit – zum unbewussten Geist – zum Grund des Seins – zur inneren Heimat – zum Ur-Vertrauen – zur inneren Musik. Und immer wieder zeigte sich, dass beide Gruppen, die für Spiritualität Offenen und die für Spiritualität kaum oder gar nicht Offenen, die gleichen Bilder mit den ihnen entsprechenden starken Gefühlen entwickelten.

Darf ich mich wiederholen? Ein Mensch kann sich zwar für das Göttliche öffnen, nicht aber darüber verfügen. Gerade diese Möglichkeit aber, sich für das Göttliche öffnen zu können, entspricht im Besonderen dem Grundbedürfnis vieler Menschen unserer Zeit, deren Hauptproblematik meiner Überzeugung nach in ihrer »metaphysischen Ortlosigkeit« besteht, deren Folge der viel beklagte Sinnmangel ist. Die Wertimaginationen verstehe ich daher als eine besondere Möglichkeit, sich Gott oder dem Göttlichen nicht über Dogmen annähern zu wollen, sondern zu einer persönlich lebbaren »Metaphysik der inneren Erfahrung« zu gelangen.

Die Besucher unseres Hauses und wir, die wir sie in Wertimaginationen begleiten, sind zwar nach wie vor von den Möglichkeiten spiritueller Erfahrung beeindruckt. Wir sind jedoch inzwischen davon überzeugt, dass die spirituellen Bilder zum einen nichts Außergewöhnliches sind, weil sie zum Menschsein gehören, dass sie zum anderen uns die Möglichkeit zeigen, uns für das Transzendente zu öffnen. Denn das seelisch-geistige Grenzland von Immanenz und Transzendenz ist erfahrbar.

Nein, es geht in diesem Buch nicht (schon wieder) um die Proklamation eines neuen »Heilsweges«. Denn die Wertimagination ist weder eine Technik noch nur eine psychotherapeutische Methode. Sie ist ein jedem Menschen möglicher Zugang zur geistigen Basis seines eigenen Lebens und damit zum Grund des Seins.

Um Ihnen, liebe Leserinnen und Leser, den Rahmen verständlich zu machen, in dem sich die spirituellen Bilder zeigen, möchte ich Sie zunächst kurz in das Menschenbild und die charakteristischen Merkmale der Wertimagination einführen, unabhängig von unserer besonderen Thematik. Sollten Ihnen die folgenden theoretischen Mitteilungen zur Wertimagination nicht ausreichen, darf ich Sie als Ergänzung auf die Lektüre meines letzten Buches[16] verweisen, in dem an Beispielen auch der konkrete Ablauf eines imaginativen Gesprächs gezeigt wird.

Das Menschenbild der Wertimagination

Die wesentliche anthropologische Voraussetzung der Wertimagination ist das Menschenbild Viktor E. Frankls, des Begründers der Logotherapie. Hatte Freud das Unbewusste dem Triebhaften gleichgesetzt, so lehrte Frankl die Unterscheidung zwischen »triebhaft Unbewusstem« und »geistig Unbewusstem«.[17] Diese Unterscheidung hatte tief greifende Folgen nicht allein für die Psychotherapie, sondern auch für die Imaginationsarbeit im Allgemeinen:

Hat nämlich der bewusste Geist im unbewussten Geist seinen Grund, dann ist das Wesen des Menschen primär durch seine geistige Emotionalität gekennzeichnet. Diese Form der Emotionalität aber hat »eine unübersehbare kognitive Tragweite«, deren Bedeutung Frankl in dem berühmten Pascal-Satz zusammengefasst sieht: »Das Herz hat seine Gründe, die der Verstand nicht kennt.«[18]

Unbewusster Geist – das ist unbewusste Freiheit, Verantwortlichkeit, Liebe, Hoffnung, unbewusster Mut, Intuition, Gewissen, das Ästhetische, das Künstlerische, unbewusste Wertgefühle, unbewusster Sinn, unbewusste Spiritualität etc.

Unbewusster Geist meint das jedem Menschen potenziell zugängliche Wissen von den großen und kleinen Zusammenhängen des eigenen und des großen Lebens. Darüber hinaus stellt er meiner Erfahrung nach das stärkste Energiezentrum dar, zu dem wir Zugang haben können.

Unbewusster Geist – das ist die schöpferische, gestaltende, sinnstiftende Kraft, von deren Wirksamkeit primär abhängt, in welcher Weise der ganze Mensch existiert. Und in dem Maße, in dem er Zugang zu ihm findet, findet er die ihm entsprechenden Werte, findet er sich selbst, findet er Sinn, findet er die Kraft, diesen Sinn auch zu leben.

Der unbewusste Geist ist die Basis des bewussten Geistes, mehr als das: Er ist die Basis menschlichen Daseins überhaupt. Er ist der Dreh- und Angelpunkt des Frankl'schen Menschenbildes. Er ist die »Mitte« der Seele. Er ist zugleich der Grund, die Mitte und das Ziel der Wertimagination.

Menschlicher Geist stellt keine für sich bestehende Wirklichkeit dar. Wir finden ihn in uns vor, aber er geht in uns nicht auf. Wir können ihn erleben, aber nicht erfassen. Menschlicher Geist ist das eine, göttlicher Geist ein anderes. Er ist uns Menschen immanent erfahrbar, zugleich verliert er nicht seinen transzendenten Charakter. Daher ist eine grundsätzliche Trennung zwischen immanentem und transzendentem Geist nicht möglich.

Wahrscheinlich ist über kein menschliches Phänomen so viel nachgedacht, gesprochen, geschrieben und diskutiert worden wie über das Phänomen »Geist«. Wie viel anders stellt er sich allerdings aus der Sicht der inneren Welt dar, also nicht »von oben«, aus dem Bereich der Vernunft, sondern »von unten«, aus der Sicht des geistig Unbewussten!

Die charakteristischen Merkmale der Wertimagination

1. Alle Imaginationen basieren »auf der assoziativen, sprachlich-dialogischen Tätigkeit unseres Denkens, die ständig in uns abläuft«.[19] Im Unbewussten findet daher ein ständiges Gespräch statt, kein abstraktes, sondern ein bildhaftes. Nähern wir uns den inneren Bildern, dann nehmen wir diesen inneren Prozess wahr. Die Wahrnehmung aber und die Auseinandersetzung mit diesen Bildern verschafft uns die Möglichkeit, so auf sie Einfluss zu nehmen, wie es weder im Traum noch im Gespräch auf der Bewusstseinsebene möglich ist. Denn wenn wir auf die Bilder Einfluss nehmen, beeinflussen wir die Gefühle und Gefühlskräfte, die durch sie symbolisiert werden.

2. Wertimaginationen – sie dauern in der Regel eine halbe Stunde – sind bewusste »Wanderungen« zum unbewussten Geist, d.h. zu den Quellen der Wertgefühle und -gefühlskräfte. Sie sind zielorientiert. Sie haben primär die spezifisch humanen Werte im Blick, zum Beispiel den Mut, die Liebe, die Freiheit.
   Wertimaginationen werden von einem Therapeuten oder Mentor[20] begleitet. Hat der Imaginand hinreichend Erfahrungen, sind selbstständige oder Gruppenimaginationen möglich und erwünscht.

3. Wertimaginationen finden sowohl in Einzel- als auch in Gruppensitzungen statt. In Einzelsitzungen begleitet der Therapeut/Mentor den Klienten, in Gruppen imaginie-

ren die Teilnehmer für sich allein. Dabei ist am Beginn der Arbeit eine gründliche Einführung wichtig. Jeder Imagination folgt ein Nachgespräch. Gruppenteilnehmern, die ihr Ziel nicht erreicht haben, wird Gelegenheit gegeben, mit dem Begleiter eine Nachimagination zu machen. Die Arbeit in einer Gruppe ist meiner Erfahrung nach besonders wertvoll, weil

- die imaginative Selbsterfahrung eine sonst selten erlebte Beziehung der Teilnehmer untereinander schafft,
- sie durch die Nachgespräche nicht nur viel von sich selbst und anderen, sondern auch über den Menschen erfahren,
- die Nachimaginationen den Zuhörenden weitere Aufschlüsse für ihre eigene Imaginationsarbeit geben,
- die Teilnehmer die Erfahrung machen, selbstverantwortlich handeln zu können.

4. Entscheidend sind nicht die vom Bewusstsein vorgestellten oder eingebildeten, sondern die vom unbewussten Geist *ausgebildeten* Bilder. Sie werden plastisch, dreidimensional, unmittelbar erlebt. Sie werden nicht gemacht, sondern erwartet.
   Was sind innere Bilder? Von ihnen sagt Jörg Zink treffend: »Das ›Bild‹ ist überall, wo wir über die Welt unserer Sinne und unseres schmalen Verstandes hinausdenken, die Weise, in der uns Wahrheit begegnen kann, und die Weise, wie wir die geschaute und geahnte Wahrheit einander zeigen können.«[21]
   Die Bilder, von denen in diesem Buch die Rede ist, nennen wir Symbole. Ein Symbol ist ein Sinnbild mit komplexer Bedeutung, das außerhalb des Herrschaftsberei-

ches der Vernunft liegt und daher nicht von einem logischen Konzept erfasst werden kann.

5. Zentrum der Wertimaginationen ist die Beziehung zu den hilfreichen männlichen und weiblichen Gestalten, die die Selbst- und Sinnverwirklichung fördern. Ich nenne sie »Wertgestalten«. Ich verstehe sie als personifizierte Aspekte des unbewussten Geistes.
Das Unbewusste hat nicht nur die Tendenz, sich in allgemeinen Bildern zu zeigen, sondern auch in personifizierten Symbolen. Jede spezifisch menschliche Eigenschaft kann sich als Gestalt zeigen. So gibt es nicht nur Symbole zum Beispiel für Lebensbejahung, Selbstheilungskräfte, Lebenskunst, sondern auch für die Lebensbejaher (ich nenne sie die Verbündeten), die inneren Ärzte (Heiler), die Lebenskünstler. Gerade aber die Begegnung mit diesen lebendigen Vertretern der inneren Welt ist für die Aneignung der verborgenen Lebenskräfte und damit für die Weiterbildung der Persönlichkeit von besonderer Bedeutung. Darüber hinaus führen sie uns in Tiefen, wohin unser Verstand uns niemals führen könnte. Die Begegnung mit ihnen bewirkt eine höchstmögliche kognitive, emotionale und energetische Annäherung an die erwarteten Ziele.
Alle Wertgestalten sind autonom. Sie bleiben in ihrer Ausstrahlung eindeutig. Zwar ist unter Umständen ihr Erscheinungsbild subjektiv, also vom jeweiligen Imaginanden persönlich eingefärbt, doch ändert sich dadurch ihre Ausstrahlung nicht. Alle Wertgestalten sind unabhängig von unserer persönlichen Befindlichkeit. Sollten sie einmal schwach erscheinen, dann nur deshalb, weil der Imaginand seine gegenwärtige Schwäche auf sie projiziert hat.

6. Nicht die Aktionen, sondern die existenzielle *Begegnung* mit den inneren Bildern, nicht das Registrieren, sondern das Anschauen, nicht das Erkennen, sondern das Verstehen der Symbole steht im Vordergrund der wertimaginativen Arbeit.

7. Transferimaginationen, also Wertimaginationen, die den Klienten in konkrete Alltagssituationen führen, sind eine besondere Brücke zwischen der inneren Wirklichkeit und der äußeren Realität.
   Methodisch gilt für Wertimaginationen generell:
   - die Verabredung des Zieles,
   - eine kurze Entspannungsphase,
   - die Einstellung auf ein Eingangssymbol,
   - die Erwartung einer oder mehrerer Wertgestalten (wenn potenzierte Kräfte erforderlich sind).
   - Die sich zeigenden Widerstände werden in aller Regel auf dem Weg zum Ziel bearbeitet. Erweisen sie sich als zu stark, ist eine separate imaginative Arbeit erforderlich.
   - Jede Wertimagination bedarf eines ausführlichen Nachgesprächs.

Worum geht es in Wertimagination nicht? Es geht nicht um »bloße« Fantasien, nicht um »inneres Kino«, das jeder fantasiebegabte Mensch im entspannten Zustand in sich ablaufen lassen kann –, nicht um »Fantasiereisen« –, nicht um passive Imaginationen –, nicht um Visualisierungen und bildhafte Vorstellungen.

Vielleicht wird sich mancher Leser fragen, ob sich die Imaginanden nicht nur einbilden, was sie zu sehen glauben. Deshalb würde mancher Leser den folgenden Seiten wahrscheinlich mit weniger Bedenken folgen, gäbe es eine wissenschaftlich angelegte Langzeitstudie zur Wertimagination, die die Seriosität imaginativer Aussagen verifizierte. Ich verstehe solche Überlegungen gut, denn wir leben in einer Zeit, in der das Erklären und Messen seelisch-geistiger Vorgänge die Bedingung zu sein scheint, um einen Anspruch auf Glaubwürdigkeit erheben zu können. Wir kommen später noch einmal auf dieses Problem zurück. Wie viel anders dagegen klingen die Einsichten eines großen alten Mannes: »Es ist eine Erfahrung, die die Menschheit nun seit einigen Jahrtausenden machen konnte: dass die sicheren, lehrbaren Wahrheiten die unwichtigen sind, dass aber, je wichtiger eine Wahrheit ist, sie desto weniger beweisbar sein wird. Das aber hängt unter anderem damit zusammen, dass ein Mensch von allem immer nur so viel sehen wird, wie er dem, was er sieht, entgegenbringt an Bereitschaft, sich von ihm verändern zu lassen.«[22] Kürzlich hörte ich einen Satz, der mich plötzlich hellwach machte: »Ich glaube nur, was mir *einleuchtet.*« Von solchem Leuchten aber ist in den Wertimaginationen die Rede.

Nach dieser Einführung ins Thema möchte ich Ihnen nun eine Reihe von Wertimaginationen vorstellen. Dazu möchte ich noch einige Hinweise geben:

Ich habe tiefsinnige, aber keineswegs ungewöhnliche Imaginationen ausgesucht. Auf manche ungewöhnliche habe ich verzichtet, weil Worte ihre Bedeutung kaum wiedergegeben hätten.

Über die Menschen selbst, die die inneren Wanderungen erlebten, habe ich keine näheren Angaben gemacht, weil es mir in diesem Buch nicht um die Bearbeitung von Problemen, sondern um die Darstellung spiritueller Möglichkeiten geht.

Mir lag daran, nicht zwischen »unreligiösen« und »religiösen« Imaginanden zu unterscheiden. Denn gerade die

Wertimaginationen zeigen, wie wenig wir vom »latenten Glauben« (Paul Tillich) eines Menschen wissen. Nur auf eine Teilnehmerin weise ich bewusst hin. Sie stand dem Spirituellen lange Zeit aversiv gegenüber. Von ihr werde ich drei Wertimaginationen vorstellen, um an ihrem Beispiel die Möglichkeiten spiritueller Identitätsbildung zu zeigen.

Das Staunen während und auch nach den Wertimaginationen gehört zu den schönsten Erlebnissen in meinem Beruf – das Staunen darüber, was alles sich im tief gelegenen Ballsaal unseres Lebens abspielt. Und es ist schön mitzuerleben, wie das Interesse der Imaginanden daran wächst, ein Interesse, das ja gar nichts mit der häufig zitierten Nabelschau zu tun hat, im Gegenteil. Wer die innere Welt interessiert und staunend zu entdecken beginnt, fängt an, durch sie das Leben zu lieben, das solche dunklen und hellen Herrlichkeiten hervorzubringen imstande ist. Und schließlich ist da bei dem einen oder anderen auch eine gewisse Scham – auch sie berührt mich sehr –, von diesen elementaren Wahrheiten des eigenen Lebens bisher so wenig gewusst zu haben.

Praxis

Erzählungen aus der inneren Welt

Zum unbewussten Geist

An den Beginn meiner Erzählungen stelle ich die Wertimagination eines Mannes, die nicht nur eindrucksvoll Landschaftsbilder des unbewussten Geistes spiegelt. Sie zeigt auch die Weite des Geistes, der nicht bei der Anerkenntnis der eigenen spirituellen Erfahrung stehen bleibt, sondern sein lässt, was zum Sein des Lebens außerhalb des eigenen Erfahrungshorizontes gehört.

Die innere Führung übernahmen die »inneren Verbündeten«, die – wie alle Wertgestalten – männlich *und* weiblich erscheinen. Der innere Verbündete ist die Zentralgestalt der inneren Welt. Er ist auch deren stärkste Gestalt, stärker als der innere Gegenspieler, der die Lebensverneinung symbolisiert. Nicht oft zeigt sich der Verbündete von selbst, meistens müssen wir ihn suchen. In der Regel zeigt er sich als helle Gestalt mit weißem Gewand. Seine Augen sind warm und wohlwollend. Er wirkt freundlich, frei, kraftvoll, selbstbewusst, verständnisvoll, Vertrauen erweckend, großherzig, gütig, versöhnlich, liebevoll. Er weckt Hoffnungen, ermutigt, zeigt neue Wege, vermittelt tiefe Geborgenheit. Er klagt nicht an, sondern versteht, gibt dem Imaginanden das Gefühl, sein zu dürfen, wie er ist. Und das wiederum löst ein tiefes Sinngefühl aus. Deshalb wirkt er in vielen Wertimaginationen wie jene ferne Gestalt aus Nazaret, von der sich, recht verstanden, Ähnliches sagen ließe. Die Imagination:

Die Verbündeten erwarten mich am Seeufer. Sie kommen direkt aus dem Tempel. Der Verbündete strahlt die Kraft einer kristallenen Skulptur aus. Mit beiden ist die Beziehung ungezwungen.

Sie nehmen mich ganz fest zwischen sich. (*Nehmen die beiden Wertgestalten den Imaginanden in die Mitte, dann führen sie ihn in seine eigene Mitte.*) *Ein warmes, sicheres Gefühl erfüllt mich, ein Gefühl der Geborgenheit und der Leichtigkeit. Wir schweben aufwärts. Als ich genauer hinsehe, bemerke ich, dass wir in einem Ballon stehen, der von einem Adler (Symbol des Geistes, der Macht und Schönheit*) getragen wird.

Wir fliegen über Griechenland, den Nahen Osten, den Indischen Ozean bis zum Himalaya, überqueren fruchtbares Land, Wüsten und mit Schnee bedeckte Gipfel.

Wir docken an in einem himmlischen Hafen, der in den Wolken liegt. Über reine, weiße, breite Treppen geht es nach unten auf einen weiten runden Platz. Rings um den weiträumigen Platz stehen auf Hügeln verschiedene Tempel und Anbetungsstätten: ein klassischer griechisch-römischer Tempel, eine Kathedrale ähnlich der Hagia Sophia, ein taoistischer Tempel, weiter entfernt andere. Durch die Mitte des Platzes geht die Achse des Lichts.[23] Über ihr öffnet sich der Himmel zum Weltall, die Milchstraße ist sichtbar. Unten reicht die Lichtachse bis in die feurige Mitte der Erde. Da wo die Lichtachse die Erde berührt, quellen gewaltige Bäche empor. In kräftigen Wellenbewegungen fließen sie zusammen, schießen in einen Brunnen ein, in dem sie zu einer mächtigen Fontäne aufsteigen und über den Brunnenrand nach außen fließen. Vom Licht berührt bilden sich im Wasser Gold- und Silberplättchen, die mit dem Strom nach außen in Kanäle fließen, die in die Täler zwischen den Tempelhügeln weiterströmen.

Im Übergang vom Hügelland zur Erdenwelt befindet sich eine herrliche parkähnliche Landschaft mit üppiger Vegetation, stehen mächtige Bäume, unter denen sich Tiere bewegen und in deren Kronen Scharen bunter Vögel flattern.

Von der Fülle der Kraft und des Lebens werde ich tief berührt. Nach einer Zeit habe ich den Eindruck, als seien die Tempel auf den Hügeln zu weit vom Quellwasser entfernt. Plötzlich entdecke ich seitlich unter der Brunnenschale eine Empore, die über die Wasserläufe führt. Auf ihr stehen die Urgestalten des Lebens: Freude, Hoffnung, Heilung. Mir ist, als seien diese Gestalten die Urväter und Urmütter der einzelnen Wertgestalten. Über ihnen zeigen sich in der Gischt des herabfallenden Brunnenwassers alle Farben des Regenbogens. Ich vernehme die Botschaft der Urgestalten, die alle Menschen auf den Hügeln und auf der Erde erreichen soll: »Baut nahe am Wasser! Nehmt das Wasser des Lebens für alle eure Verrichtungen.« Mir ist so, als machten sich Boten auf Schiffsgondeln auf, diese Botschaft über alle Kanäle zu den Menschen zu bringen.

Darf ich Sie, verehrte Leserinnen und Leser, daran erinnern, dass der Imaginand diese Bildfülle in einer halben Stunde erlebte – nicht in einem besonderen Raum, nicht zu einer besonderen Zeit und nicht als besonderer Mensch?

Zum Geistvollen

Wird eine neue Wertgestalt eingeführt, ist es günstig, sich von einer bereits vertrauten Gestalt zu ihr führen zu lassen. Sowohl in der folgenden Wertimagination als auch in allen anderen, in deren Mitte der Geistvolle handelt, weisen die inneren Verbündeten den Weg zu ihm.

Der Geistvolle – die Personifizierung des unbewussten Geistes – gehört zu den herausragenden Gestalten der inneren Welt. Er ist wesensmäßig dem Verbündeten verwandt. Seine Gestalt wirkt zunächst fremd, im Wesentlichen immateriell. (Seine konkreten Eigenschaften werden im Folgenden beschrieben.) Eindrucksvoll zeigt er, dass menschlicher Geist keine für sich bestehende Wirklichkeit darstellt, dass wir ihn zwar in uns vorfinden, er aber nicht in uns aufgeht, dass er immanent erfahrbar ist, nicht aber seinen transzendenten Charakter verliert.

Drei Wertimaginationen habe ich ausgesucht, die den Geistvollen anschaulich charakterisieren. Die beiden ersten Erzählungen stammen von Frauen, die dritte von einem Mann. Das erste Beispiel:

Ich treffe den Verbündeten auf einer grünen Wiese, die von einer herrlichen Hügellandschaft umgeben ist. Der Verbündete erscheint mir immer in der Gestalt eines Schäfers (*Symbol des Guten Hirten, Joh 10*). Bisher waren nie Schafe in seiner Nähe zu sehen, heute grast eine riesige Schafherde auf dieser Wiese. Es ist ein warmer Frühlingstag, die Luft ist mild, rein und frisch.

Der Verbündete führt mich in Richtung der Schafherde. Ich spüre, dass mich in der Mitte der Herde etwas Besonderes erwartet. Wir verweilen einen Moment, und ich nehme das wunderschöne Bild der Herde in mir auf. Ich empfinde Freude und Leichtigkeit. Ich folge dem Blick[24] des Verbündeten, der in die Mitte der Schafherde schaut.

Dort steht eine Gestalt, so großartig, wie ich zuvor noch keine erlebt habe. Sie ist groß, kräftig, strahlend und leuchtend von innen und außen, sehr freundlich und voller Liebe. Ich gehe auf sie zu und bin von diesem Glanz, dieser Reinheit und der Ausstrahlung überwältigt. Seine Liebe fließt in meinen Körper. Ich beginne innerlich und äußerlich zu glühen. Durch die Fülle der Liebe in mir spüre ich tiefes Glück. Lange stehe ich vor ihm, bis ich all das aufgenommen habe, was er ausstrahlt: Liebe, Güte, Glück, Frieden, Freude und Hoffnung.

Der Geistvolle ist mit einem weißen, weiten Gewand bekleidet, das im Sonnenlicht leuchtet. Er breitet es über die Schafe aus. Dadurch wird ihr Fell strahlend weiß. Es liegt Stille und Ruhe über allem. Stille und Ruhe ist auch in mir spürbar.

Dann reicht mir der Geistvolle die Hand und führt mich zu ihr, der Geistvollen, die am anderen Ende der Schafherde auf uns wartet. Sie ist zarter, aber von gleicher, intensiver Ausstrahlung, und wie er weiß gekleidet. Plötzlich trage auch ich ein weißes Gewand.

Gemeinsam gehen wir, ich in ihrer Mitte, in Richtung der Hügellandschaft. Wir wandern leicht und frei. Er geht voran und berührt mit seinem Umhang die Erde. Dadurch wächst alles viel satter und prächtiger. (*Eine immer wiederkehrende Erfahrung: Verändert sich eine Person, so verändert sich auch die Umgebung.*) Wunderbare Musik erklingt, sie begleitet uns. Auf einem Hügel wird ein runder Säulentempel sichtbar, der nach allen Seiten offen ist. Wir begeben uns in die Mitte des Tempels. Er ist von Klängen erfüllt. Es ist, als höre ich die Engel singen. Die Klänge berühren selbst meinen Körper. Ich fühle Geborgenheit.

Wir stehen einfach da – zwischen Himmel und Erde. Der Himmel ist mir sehr nah, die Erde liegt mir zu Füßen. Die Fülle aller intensiv erlebten Gefühle fließt über die Stufen des Tempels in die Welt.

Das zweite Beispiel:
Auch die folgende Wertimagination zum Geistvollen zeigt, dass die Begegnungen mit der inneren Welt nicht zur Nabelschau verleiten. Im Gegenteil: Mehrere Tausend Wertimaginationen belegen eindrucksvoll, dass gerade die Hinwendung zur inneren Welt die primäre Bedingung dafür ist, sich in aller Freiheit auf die Welt einlassen zu können. Mehr noch: Sie zeigen, dass der, der die Fülle erlebt, gar nicht anders kann, als das weiterzugeben, was er selbst empfangen hat. Die Erzählung einer Frau:

Der Geistvolle deutete sich in der vorigen Wertimagination in Form zweier starker Arme an, die sich mir von oben entgegenstreckten, großes Vertrauen und die Bereitschaft auslösten, mich von ihnen nach oben ziehen zu lassen. Ich erfuhr »Den, der mich mit starken Armen zu sich zieht«. Und ich ließ mich von diesen Armen emporheben.

In der Mitte eines diffus erscheinenden Raumes leuchtet eine Gestalt. Es ist, als sei die Sonne (als Mitte des Universums) in ihrer Mitte. So erscheint die Gestalt selbst wie die Sonne. Menschlich ist das Gesicht, ganz sanftmütig. Menschlich sind auch die Hände. Sie haben Narben. Da waren Wunden.

Für mich ist dieser Geistvolle eine Jesus-Gestalt. Die Sonne, die aus seinem Inneren leuchtet, sendet Strahlen in die Weite, die Tiefe, die Höhe. Diese Strahlen sind allumfassend, sie dringen überall hinein. Ich kann nur niederknien.

Die Gestalt zieht mich zu sich, ich spüre Arme und Hände, die mich liebevoll berühren. Ich spüre Licht, Feuer, Wärme. Alles fließt auch in mich ein. Ich werde davon ausgefüllt bis in die letzte Körperzelle. Ein unbeschreibliches Gefühl ... Wir stehen zusammen in Kreuzform. In uns ist diese Sonne, das Feuer, die Wärme. Die Strahlen breiten sich aus.

Nun stehen wir auf der Erdkugel. (*Das Stehen auf der Erdkugel und das vorübergehende Verweilen in der Erdmitte sind häufige Motive. Sie symbolisieren das Losgelöstsein von und gleichzeitig die Verdichtung der Beziehung zu allem bisher Erlebten.*) Dann gehen wir in sie hinein. Die Sonne, die in unseren Mitten strahlt, bildet zugleich die Mitte der Erde. Von dieser Mitte aus wird die Erde mit Licht und Wärme versorgt. Dann geschieht etwas Seltsames: Ich bekomme eine Mund-zu-Mund-Beatmung. Mir wird Atem, Leben von dem Geistvollen eingehaucht. Danach werde ich in die Dunkelheit der Erde geschickt, wo Gestalten liegen, denen nun ich Atem einhauche und in denen ich durch mein inneres Feuer Feuer entfache.

Viele kleine Feuer entstehen in der Nacht. Licht und Wärme breiten sich aus. Immer wieder kehre ich zurück zur Mitte, die der Geistvolle mit seinem Leuchten und seinen ausgestreckten Armen bildet. Der Geistvolle steht fest. Bei ihm ist das Zentrum. Von ihm hole ich mir Belebung und neues Feuer. (*Unter anderem ein Symbol für Geist.*)

»Diese Imagination hat mich so tief berührt«, sagte die Imaginandin, »dass ich lange innehalten und nachspüren musste, was da in mir und an mir geschehen war. Das, was ich erlebt hatte, löste so etwas wie eine tiefe Ehrfurcht vor etwas Gewaltigem aus, das mich überwältigt hatte und das ich nur geschehen lassen konnte. Ich habe dieses Geschehen tief körperlich gespürt und konnte mich ihm erstmal nur anbetend nähern. Gleichzeitig ahnte ich auch den Auftrag, der sich aus dieser Berührung ergibt.

So ist erfülltes Leben wohl, erfüllt zu sein mit dem inneren Feuer und dem Atem des Lebens, um damit in der Dunkelheit neue Feuer anzuzünden und vom Atem des Lebens weiterzugeben – um danach in immer wiederkehrendem Rhythmus von dem Geistvollen in der Mitte allen Lebens wieder neu entzündet und belebt zu werden.«

Das dritte Beispiel: In dieser Wertimagination – sie führte einen Mann zum Geistvollen – ist von Engeln die Rede. Engel erscheinen häufig in Wertimaginationen, anfangs nicht immer zur Freude mancher Imaginanden. Dabei gehören sie zu den ältesten Menschheitsüberlieferungen. Sie gelten als Boten göttlicher Macht. Sie sind Wesen des Übergangs. Ihre Heimat ist das Grenzland zwischen Immanenz und Transzendenz.

Engel haben verschiedene Aufgaben: Sie hüten den Schlaf, künden Träume an, sie trösten, öffnen die Augen, stiften Hoffnung, schenken Liebe, begleiten Sterbende und schließen deren Augen. Sie weisen darauf hin, »dass wir nicht in einer zugesperrten Welt leben, sie machen uns auf die Einfallstore aufmerksam« (Otto Betz). Sie zeigen, dass wir »in mehreren Welten« (Adolf Portmann) leben. Die Erzählung:

Mein Verbündeter führte mich zügig zum Geistvollen, den ich bis dahin noch nicht kannte. In einem Raum, einer einfachen Kirche, sah ich erhöht das Gesicht des auferstandenen Christus, das, von Kraft, Geist und Licht durchflutet, nur so strahlte. Ich war ganz ergriffen, im Herzen sehr bewegt, und näherte mich ihm vorsichtig und langsam. In respektvollem Abstand kniete ich mich hin – ich war barfuß –, um ihn zu betrachten und mich ihm auszusetzen.

In seinem leuchtenden und durchscheinenden Gesicht waren die Spuren von Wunden und Narben, von Leid und Tod zu sehen, aber in seinem Blick lag vorbehaltlose Liebe, Kraft, Geist, eine Ausstrahlung, die ich stark wie ein Energiefeld spürte. Mit der Zeit nahm ich eine Art Rosenduft, sphärische Klänge und Geist-Engel-Wesen wahr, die um sein Gesicht kreisten und gleichzeitig von ihm ausgingen. Mir liefen dabei die Tränen aus den Augen. Dieses Gesicht prägte sich mir stark ein, sodass ich es noch immer spüre. Einmal kamen auch dunkle Gedankenbilder, die sich dazwischenschieben wollten. Die Ausstrahlung des Gesichtes war jedoch stärker, sodass die dunklen Gedanken wieder verflogen. In dieser Schau, in dieser Anschauung spürte ich Frieden, Behütetsein, Kraft, Stärke und Geborgenheit.

Zur neuen Freiheit

Freiheit ist mehr als ein Wort. Freiheit ist etwas besonders Menschliches. Freiheit ist – in gewissen Grenzen – die in jedem Menschen vorhandene Möglichkeit, sich zu sich selbst und anderem Leben verhalten zu können.

Freiheit ist kein Trieb, sie stellt sich daher nicht von selbst ein. Nach Freiheit kann ich mich sehnen und sie auch erleben, wenn ich Geist erfahre. Denn wo Geist ist, da ist Freiheit. Je stärker wir im Geiste leben, desto stärker sind unsere Erfahrungen von Freiheit. Daher begleitet vor allem der Geistvolle durch diese Wertimaginationen. Gemeint ist weniger die Freiheit von dem, was uns konkret bedrängt, bedrückt oder ängstigt, gemeint ist vielmehr eine grundlegende Veränderung des Seinsgefühls als Haltung sich und anderem Leben gegenüber. Wo nimmt diese Freiheit ihren Ausgang? Wie kann eine solche Veränderung zustande kommen? Das erste Beispiel erlebte eine ältere, schon imaginationserfahrene Frau:

Mein Verbündeter führt mich ins Dunkel. Nach einer Weile sehe ich, dass wir uns in einer Tropfsteinhöhle befinden. Die Luft ist frisch und kühl. Wunderschöne Stalagmiten und Stalaktiten zeigen sich. Ich gehe weiter und sehe in der Tiefe einen hellen Raum, in dem eine helle, männliche Gestalt wartet.

Ich kann sie nicht genau erkennen. Ihr Körper besteht aus einer anderen Substanz, die ich aber kenne. »Geistsubstanz«, materiell und gleichzeitig immateriell. (*»Materiell-immateriell« ist häufig die imaginative Beschreibung für Geist.*) Sie strahlt Klarheit, Kraft, Leichtigkeit und Humor aus. Leuchtende, blitzende Augen, ein freundliches Gesicht. Während ich die Gestalt anschaue, beginnt sie zu lachen, tief, befreiend und herzhaft. Auch ich spüre dieses Lachen in meiner Kehle. Die Höhlenwände öffnen sich während dieses Lachens nach allen Seiten. Eine weite Ebene wird sichtbar. Ich empfinde Freiheit, Weite, Heiterkeit, Fröhlichkeit, Übermut!

Ich sehe fröhliche Menschen, gelöst, gelassen beim Spielen und Kommunizieren. Dann höre ich Musik. Gewaltige, volle Musik, wie Meereswellen, die an Land rollen. Wunderschön! Und über allem fliegt königlich der Adler. Ruhig zieht er seine Bahnen. Freiheit, Weite, Hoheit!

Ich höre ein altes Wort in mir: »Es ward mir ein Lachen!« Das Lachen sitzt in meiner Kehle. Am liebsten würde ich jetzt laut lachen auf verschiedenste Arten. Heiterkeit erfüllt mich.

»Auf dem Heimweg (*von der Imaginationssitzung*)«, sagt die Imaginandin später, »singe und lache ich im Auto, wie es aus meinem Herzen kommen möchte. Es tut gut. Weite wird spürbar. Sorgen und Schwierigkeiten kenne ich zur Genüge, aber angesichts des Lachens ist alles nicht so schlimm! Ich kann lernen, mich selber auch einmal zu vergessen.«

Auch das zweite Beispiel – aus gutem Grund ist neben anderen bemerkenswerten Erfahrungen wieder vom Lachen die Rede – stammt von einer imaginationserfahrenen Frau:

Die Verbündeten führen mich auf eine Bergspitze. Vor mir liegt dichter Nebel (*ein Symbol für einen – noch – unklaren inneren Weg*). Der Nebel fühlt sich an wie ein Vorhang, der zur Seite gezogen werden muss. Ich habe Herzklopfen, als hätte ich Lampenfieber.

Nachdem der Nebelvorhang beiseitegeschoben wurde, wird unter uns eine wunderschöne, fruchtbare Landschaft sichtbar. Die Verbündeten schicken mich allein in diese Landschaft hinein. (*Wertgestalten begleiten die Imaginanden häufig bis zu dem Ort, von dem aus sie den Weg selbst finden können.*) Nach einiger Zeit tanze ich auf einem unsichtbaren Boden,[25] wild und mutig.

Auf der anderen Seite der Landschaft erwartet mich eine weiße Gestalt. Es ist ein alter Mann mit weißen Haaren und einem langen, weißen Gewand. Seine Ausstrahlung hat etwas von Ewigkeit und trotzdem wirkt er ganz jung. Die Gestalt ist Licht und doch konkret. Ihre Gegenwart löst bei mir ganz intensive Gefühle aus, die nur schwer in Worte zu kleiden sind. Es fällt etwas von mir ab. Anderes zieht sich in mir zusammen und erhält dadurch große Festigkeit. Es bleibt, was zu mir gehört. Ich bin authentisch.

Nun höre ich Stimmen aus verschiedenen Richtungen. Ich höre mich, ich höre den Geistvollen und ich höre jemanden immer wieder nur eines sagen: »Ich liebe dich.«

Dann fängt der Geistvolle mit seiner tiefen, klingenden Stimme an zu lachen. Er reißt mich mit und wir lachen gemeinsam – ein befreiendes Lachen. Unser Lachen geht über in eine große Klangvielfalt. Verschiedene Instrumente wie Harfen und Glocken erklingen. Vogelgezwitscher und andere Tierstimmen sind zu hören. Darunter mischen sich Naturgeräusche wie Meeresrauschen, Regentropfen, Blätterrascheln und vieles mehr. Die Vielstimmigkeit ist nicht aufeinander abgestimmt. Es ist eher ein Neben- und Durcheinander von Klängen, ohne dass es dissonant erscheint. Im Gegenteil: Es klingt eher wie ein Windspiel, ganz liebevoll, und ich fühle, es darf so sein.

Nun schickt mich der Geistvolle zur Erde. Ich finde mich in einer Bauernszene wieder, die für mich eine Fortsetzung einer vorangegangenen Imagination darstellt. War ich damals mehr wie eine Zugereiste, die die Dorfbewohner an ihrem gewonnenen Schatz hat teilhaben lassen, so bin ich nun Teil dieser Dorfgemeinschaft.

Auf meinen Armen trage ich zwei Säuglinge (*in diesem Zusammenhang ein Symbol für starkes neues Leben*) und nehme an einem ausgelassenen Fest teil. Es wird gegessen, getrunken und gelacht. Alle feiern gemeinsam, auch die Alten, die Kranken und die Jungen. Ich habe meinen Platz gefunden, an dem ich nicht im Mittelpunkt und nicht am Rand stehe. Ich gehöre einfach dazu. Alle Feiernden fassen sich an den Händen und danken der Erde. Die Menschenketten werden immer länger und verzweigen sich. Mir kommt der Gedanke, sie könnten weltumspannend sein.

Zum verborgenen Lachen

Dieses Imaginationsziel scheint mir besonders wichtig zu sein, weil ich in meiner Arbeit mit so vielen Menschen zu tun habe, denen das Lachen »vergangen« ist. Die Flut humoristischer Veranstaltungen und kommerziell gelieferter Vergnügungen verringert ja nicht die Zahl trauriger Zeitgenossen. Im Gegenteil: Sie macht nur deutlich, wie krampfhaft Menschen unserer Tage hinter dem Lachen her sind. Mit gutem Grund: Denn Lachen ist ein Gegengift gegen moralische und seelische Fäulnisbazillen und Krankheitserreger, gleichzeitig ein Charakterstärkungsmittel für jedermann. Und warum? Weil Lachen Ausdruck von Humor ist.

Humor aber ist ein Existenzial, ein zu jedem Menschen gehörender Wesenszug, der Wichtiges über sein Verhältnis zur Zeit und zur Welt aussagt. Humor ist die Fähigkeit, in den Wechselfällen des Lebens zwischen Wichtigem und nicht so Wichtigem unterscheiden und die Welt in der angemessenen Perspektive sehen zu können. Humor kann daher als »die höchste Form der Selbstbehauptung gegen die Sinnlosigkeit des Daseins und die bösen Zufälle«[26] bezeichnet werden. Humor ist Ausdruck innerer Freiheit, inneren Abstandes zu sich und anderem Leben, ist helle, warme Heiterkeit des Herzens, das viel Erfahrung hat mit Leben und ganz viel davon weiß, dass Leben möglich ist – so oder so. Dass manches Lachen, vor allem das befreiende, seinen Ursprung letztlich in der Transzendenz hat, zeigt die folgende Wertimagination. Für alle Ziele, die mit Leichtigkeit, Heiterkeit, Humor oder Lebenskunst zu tun haben, bietet sich der innere Lebenskünstler an. Ich darf ihn kurz vorstellen:

Der Lebenskünstler ist ein Symbol für das Zusammenspiel von Lebensklugheit, Leichtigkeit und Humor, der Fähigkeit, das jeweils Beste aus einer Situation zu machen. Er ist weder an das Naturell noch an den Typus und letztlich auch nicht an die Lebensgeschichte gebunden. Er hat seine Wurzeln, wie alle Wertgestalten, im unbewussten Geist. Daher ist er keineswegs, wie man aufgrund seines Auftretens meinen könnte, oberflächlich, im Gegenteil: Wer ihn näher kennenlernt, weiß, dass gerade er zu unterscheiden weiß zwischen der Bedeutung vorletzter und letzter Dinge. Daher neigt er nicht zum Dramatischen, selbst dann nicht, wenn es um »letzte Dinge« geht. Er denkt nicht nur in Alternativen, sondern hält Ausschau nach den dritten Wegen. Er bejaht das Leben, das ganze. Er schönt es nicht, sucht aber in den wechselnden Situationen des Lebens vor allem das Gute und Wichtige.[27] Seine Offenheit führt dazu, dass er immer wieder neue Gründe findet, warum sich zu leben lohnt.[28] Steht er vor einer schwierigen Aufgabe, tanzt er erst einmal. Und wer tanzt, drückt seine Freude am Leben aus – trotz allem, was schwierig ist. Mit Heiterkeit erzählte eine Frau das folgende Beispiel:

Kaum habe ich die Augen geschlossen, springt mein Lebenskünstler mit den Worten ins Bild: »Heute bin ich dran!« Raum füllend und energisch steht er da. Jeder Widerspruch würde an ihm zerschellen. Sein sonst leicht ironisches Gebaren ist gewichen. Lachen muss ich über diesen fröhlichen Eifer, den kenne ich noch nicht! Mein Lebenskünstler, der sich »Gottschalk« nennt (*Schalk Gottes*), führt mich zum Herzen und zieht mich in dessen Mitte. Dort steht ein prachtvoller Brunnen, der seine mächtige Fontäne dem Himmel entgegensprüht. Tausende kleiner Silberglöckchen werden in Bewegung gesetzt. Die Luft ist erfüllt von ihrem zarten Klang. Plötzlich fühle ich mich von der Fontäne hochgehoben. Es beginnt ein übermütiges Spiel hinauf und hinunter. Ganz leicht wird mir und fröhlich ums Herz. Ein Tränen lachendes Auge wacht über mir. Der Lebenskünstler und ich stimmen in das ansteckende Gelächter mit ein.

Mitten hinein in diese beglückende Situation zischt eine mir wohlbekannte Stimme: »Ich dreh das Wasser ab! Dann ist es aus mit diesem albernen Spiel!« Es ist mein Miesmacher! (Ich kenne ihn gut – so präsentiert er sich häufig als mein Gegenspieler.) Giftig schaut er uns an, kann diesen Frohsinn nicht ertragen und dulden.

Es gelingt ihm nicht, mich einzuschüchtern, und ich verlache ihn. Da dreht er das Wasser ab und ich stürze in die Tiefe. Noch während des Fallens lache ich – denn ich weiß: Ich werde aufgefangen! In der Tiefe stehen meine Verbündeten mit einem Sprungtuch. Meine Landung ist weich. Mit großem Vergnügen werfen sie mich in die Höhe, fangen mich auf, werfen mich in die Höhe, fangen mich auf ... Wir verlachen den Spielverderber.

»Sie werden dich fallen lassen«, kreischt er und stößt die Verbündeten um. Wieder falle ich und lache, denn ich weiß: Ich werde wieder aufgefangen werden. Und so ist es! Meine Verbündeten erwarten mich schon mit dem Sprungtuch.

Dann führt der Lebenskünstler mich zu einer Frau. Ganz feierlich und versunken in ihr Tun sitzt sie im Schneidersitz da und jongliert mit goldenen Eiern. Als ich vor ihr stehe, erkenne ich: Das bin ich. Goldene, zerbrechliche Kostbarkeiten in meinen Händen – und ich bin erstaunt über meine Sorglosigkeit und Leichtigkeit.

»Du wirst sie fallen lassen«, zischelt wieder der Miesmacher und gibt mir einen Stoß. Da fallen mir die Goldeier aus den Händen. Im Fall jedoch wachsen ihnen Flügel, wie kleine Fallschirme, und sie landen sicher in der großen, weißen Hand (*ein in*

Wertimaginationen besonders häufiges spirituelles Symbol). Mein Lachen kann der Gegenspieler nicht ertragen, es zerfetzt ihn fast. Er weiß, er hat seine Macht über mich verloren.

Aus den Tönen meines Lachens webt sich ein fliegender Teppich und trägt mich zum Turm von Babylon. Es ist ein erschreckender Ort! Ein Ort des Nichtverstehens und der Verwirrungen. Es gibt keine gemeinsame Sprache. Der Lebenskünstler deutet auf eine Frau in einem fließenden Seidengewand, an dem tausend kleine Glöckchen befestigt sind, und jede ihrer Bewegungen wird von zartem Geläut begleitet. Sie fordert alle Menschen auf, einen Kreis um den Turm zu bilden. Jeder – ob schwarz, oder weiß, ob fremd oder vertraut, ob arm oder reich – findet einen Platz in ihrem großen Herzen, selbst der Miesmacher wird nicht ausgeschlossen (*ein beeindruckendes Beispiel für die Integration abgespaltener Negativkräfte*). Da schallt ein vielstimmiges Lachen über die Welt und der babylonische Turm zerfällt.

Da verstehe ich: Alle Missverständnisse werden durch gemeinsames Lachen befriedet, die Menschen geeint. In der Mitte entsteht ein gewaltiges Feuer. Die Menschen singen ein Dankeslied. Im Kosmos über uns erschallt ein Lebensfunken sprühendes Lachen, das uns einhüllt und uns ansteckt. Das Lachen wird zu einem alles tragenden Klang.

Zur verborgenen Kreativität

»Wenn du innerlich nicht hörst, kannst du äußerlich nicht sprechen; wenn du innerlich nicht siehst, kannst du äußerlich nicht sichtbar machen« (Franz von Baader). Die für die verborgene Kreativität zuständigen Gestalten sind »die Kreativen«. Bei ihren Unternehmungen fällt auf, dass sie sich keinesfalls nur mit Kunst befassen, sondern mit allem, wozu Kreativität erforderlich ist, also auch mit sozialen, technischen oder wirtschaftlichen Bereichen. So wurde ich zum Beispiel Zeuge des Baus eines beeindruckenden Hauses, das ein Architekt in einer seiner Imaginationen nicht nur entwarf, sondern auch realisierte. Da alle Wertgestalten personifizierte Aspekte des unbewussten Geistes sind, sind auch die Kreativen dennoch nicht nur Aspekte der Immanenz, sondern auch der Transzendenz.

Das erste Beispiel erlebte ein Student, in dessen Imagination von zwei großen Händen die Rede ist. Wer der großen (göttlichen) Hand begegnet, spricht von allen wünschenswerten Erfahrungen des Lebens, zum Beispiel von Halt, Aufgehobensein, Angenommensein, Geborgenheit, Freiheit, Geliebtwerden, Sinn.

Der Kreative kam in einer grünen Hügellandschaft auf mich zu. Eine weiße Taube (*Symbol des – Heiligen – Geistes*) saß auf seiner Schulter. Nachdem wir vertraut geworden waren, flog sie fort und wies uns den Weg.

Durch einen Höhleneingang führte uns ein alter Gang tief hinab. Alte Zeichnungen schmückten die Wände. Unser Weg führte uns weiter in die Mitte der Erde. Dort sahen wir deren

Herz. Es erschien groß und rot und schlug kräftig. Dicke Adern führten weiter ins Erdinnere.

Der Kreative bedeutete mir, ich solle meine ausgestreckten Arme auf das Herz der Erde legen. Kurz danach lag ich selbst darauf. Dem Rhythmus dieses Herzens folgend, bewegte ich mich auf und ab. Schließlich zog es sich eng zusammen, um dann umso heftiger zu klopfen. Ich schnellte hoch wie auf einem Trampolin, flog durch den Erdmantel hinaus und sah während meines Fluges die Sonne auf- und untergehen. Bei Sonnenaufgang fingen mich zwei riesige Hände auf, ein Gefühl tiefster Geborgenheit. Langsam schlossen sich die Hände und es wurde dunkel. Ich fand mich auf einer großen, leeren Ebene wieder. Da saß ich und war ganz bei mir selbst, ganz konzentriert. Dann, aus unglaublicher Höhe, fielen goldene Wassertropfen auf mich herab. Mein ganzer Körper kribbelte. Tief in mir fühlte ich mich reich beschenkt.

Ich sehnte mich nach einer Aufgabe,[29] um die gewonnenen Kräfte umzusetzen. Wieder kam der Kreative auf mich zu und wieder wies seine Taube uns den Weg. Wir kamen in einen Raum mit blinden, herzkranken Menschen. Ihre entblößten Oberkörper waren über dem Herzen dunkel und rot entzündet.

Zusammen mit dem Kreativen baute ich aus dem lehmigen Boden und aus herumliegenden Bambusstöcken eine »Menschen-Herz-Verbindung«, sodass schließlich alle Menschenherzen durch Lehm und Bambus verbunden waren. Zusätzlich hielten wir unsere Hände hin. Die Menschenkette, die sich gebildet hatte, wurde nun angeschlossen an das Herz der Erde. Das führte dazu, dass es noch kräftiger, fast noch jünger schlug als anfangs. Die Folge war, dass die Menschen ihre Sehkraft zurückgewannen und ihre Herzen gesundeten.

Diese und ähnliche Wertimaginationen wurden für den Studenten zur Hilfe bei seiner Suche nach seinem Platz im Leben.

Die beiden folgenden Imaginationen erlebte ein älterer Mensch:

Mein Kreativer begegnet mir als Maler. Wache, offene Augen hat er, gut geformte, schmale und doch kräftige Hände. Er nimmt mich an beiden Händen und sinkt mit mir ins Dunkle hinab. Tief unten sehe ich einen hellen Kreis. Auf ihm landen wir.

Dort nimmt er einen Klumpen Ton in beide Hände und setzt ihn auf eine nicht sichtbare Töpferscheibe. Ich kann aber die Töpferscheibe spüren und »sehen«. Sie beginnt sich zu drehen, obwohl kein Anschluss an irgendeine Energiequelle zu sehen ist. Nachdem er begonnen hat, eine Form zu gestalten, nimmt er meine Hände und legt sie seitlich an den Ton. Ich spüre Ton und Feuchtigkeit. Dann legt er seine Hände über meine und wir formen miteinander auf der sich drehenden Töpferscheibe einen Krug. Während des Töpferns zeigt sich mir unter der unsichtbaren Töpferscheibe ein Feuer, das das Ganze in Bewegung bringt (*das Feuer, eines der vier Elemente der Welt, ist in diesem Zusammenhang ein Symbol für das Göttliche*).

Wir nehmen den fertigen Krug von der Töpferscheibe und mein Kreativer füllt ihn mit Wasser, mit kühlem, klarem, frischem Wasser. Er gießt das Wasser auf die Scheibe und die festere, nicht sichtbare Materie vermischt sich mit dem Wasser. Die Töpferscheibe wird oval, wie eine Ellipse, und fließt zähflüssig rechts und links ins Land wie ein Strom.

An der linken Seite sehe ich Bäume wachsen, die tragen Früchte und kräftige, grüne Blätter. Auf der rechten Seite sehe ich eine einem Urwald ähnliche Vegetation, viel Grün, viele blühende Bäume und Büsche, viele bunte Vögel und Tiere aller Art. Leben ist entstanden! Dann schaue ich wieder auf die Flamme.

Über ihr sehe ich wie unter einem Mikroskop Keimzellen sich bewegen. Die Wärme der Flamme bringt sie in Bewegung. Und als ich ins Land schaue, entdecke ich an verschiedenen Stellen kleine Kreise mit diesen Keimzellen. Ich schaue lange zu, ob sich aus diesen Zellen etwas entwickelt. Dann sehe ich an drei Keimzellen-Stellen folgende Worte: Freiheit, Mut, Liebe.

Ich bin berührt von dem stillen Wirken des Feuers, das alles in Bewegung bringt, und von dem, was still durch die Keimzellen entsteht.

Und das zweite Beispiel:

Wieder ist mein Kreativer ein Maler. Ich befinde mich auf einer Hochfläche wie in Schottland oder Irland. Vor mir eine Steilküste, dahinter weites blaues, ruhiges Meer. Linker Hand führt ein Weg nach unten zu einer Fischerkate. Dort steht mein Maler und erwartet mich.

Sein Gesicht wirkt anders als die mir sonst bekannten Gesichter meiner Gestalten: weicher, gelassener, ausgefüllt mit aller Ruhe dieser Welt. Rötlich-braunes Haar, lockerer Vollbart derselben Farbe und graublaue Augen. Er ruht ganz in sich, ist mir aber liebevoll offen zugewandt. Wärme geht von seinem Gesicht aus.

Nachdem wir uns vertraut gemacht haben, setzt er sich mit mir an die Küste und schaut mit mir auf das stille Meer. Am Horizont taucht ein weißes Schiff auf. Es kommt auf uns zu, legt an. Wir steigen ein. Im Heck liegen die Malutensilien des Kreativen. Farbe, Pinsel, Staffelei, Stafette. Er nickt dem unsichtbaren Steuermann zu, und das Schiff fährt wieder an den Horizont zurück. Dort bleibt es stehen, sinkt dann langsam nach unten.

Die Wassermassen stehen wie Mauern um uns. Erst als wir auf dem Meeresgrund sind, neigen sie sich über uns zusammen. Wir sind im geschützten Raum auf dem Meer. Sandboden. Fische in den buntesten Farben und Arten schwimmen vor unseren Augen, hohe Farne, zarte Schwämme, leuchtende Korallen sind zu sehen. Links führt eine kleine Schlucht nach hinten. Sie wird immer enger, grau und dunkler. Ich spüre die Enge in mir.

Mein Atem wird schwerer. Aber der Maler geht sicher voraus. Dann öffnet sich die Enge in einen weiten hellen Raum. Wir befinden uns in einer großen geöffneten Muschel.

Die perlmuttene Schale ist lichtdurchflutet! Dichte Stille! In der Mitte eine übergroße Perle (*ein häufiges Symbol der Verwandlung von Leiden in Freude und Schönheit*). Der Maler berührt sie mit beiden Händen. Da beginnt sie zu schlagen, zu pulsieren. Sie färbt sich rot, wird zum gut durchbluteten Herzen.

Ich spüre Worte wie: »Dies ist das Herz, das diese Welt am Leben erhält, das den Wassern den Rhythmus gibt, den Winden den Atem, der Sonne die Wärme, den Sternen den Schein. Dies ist das Herz, aus dem die Schönheit geboren wird, das über dem Kleinen wacht.«

Während ich staunend lausche, holt der Maler aus der Rückwand des Herzens ein kleines Herz und reicht es mir mit beiden Händen dar. Ich nehme es in meine Hände und spüre sehr viel Wärme, Liebe, Behutsamkeit. Ich bin berührt und höre die bekannten Worte Saint-Exupérys: »Man sieht nur mit dem Herzen gut.« Daraufhin wird es dunkel um mich. Ich habe den Eindruck, blind zu sein. Absolute Stille umgibt mich.

Dann werden meine Augen wieder geöffnet, und ich habe den Eindruck, neue Augen bekommen zu haben. Ich sehe viel klarer, schärfer, leuchtender. Mit dem linken Auge sehe ich ganz scharf wie durch eine Nahlinse alles aus dem Mikrokosmos, mit dem rechten Auge wie durch ein Weitwinkelobjektiv den Makrokosmos, Weite, Meer, Himmel, Sterne. Über allem ein Regenbogen. Worte werden gesagt: »Halte das Kleine im Auge« beim linken Auge und »Halte den Frieden im Auge« beim rechten Auge.

Wir tauchen wieder auf. Da nimmt der Maler seine Staffelei und beginnt ein Bild zu malen. Er grundiert die Leinwand mit einem wunderschönen Blau. Später erkenne ich auf diesem Bild mein Gesicht, das im Zusammenhang steht mit jenem Herzen in der Muschel. In mir wird es ganz warm und tief glücklich!

Zur Mitte der Seele

»Mitte der Seele« meint die Mitte des Menschen, sein Innerstes, sein Zentrum, die Mitte seines Geistes, meint das, wovon Martin Buber gesagt hat, in jedermann sei etwas Kostbares, das in keinem anderen sei, meint jenes innere Land, in dem sich Immanenz und Transzendenz berühren.

Die folgende Wanderung eines Mannes ist eines von vielen Beispielen dafür, dass ein Mensch selbst in schwierigsten und gefährlichsten Situationen letztlich ungefährdet ist – innerlich und äußerlich –, wenn er sich den stärksten Gestalten des Unbewussten anvertraut; ein Beispiel dafür, dass er die Fülle irdischen und himmlischen Lebens erfährt, wenn er sich auf diese Mitte einlässt. Dann wird er erfahren, dass sich von diesem »Ort« aus der Himmel öffnet.

Das soll an drei Beispielen veranschaulicht werden. Das erste Beispiel erzählt das imaginative Erlebnis eines älteren Mannes:

Auf der Waldlichtung am See, dem Ausgangspunkt so mancher Wanderung mit meinen inneren Gestalten, erwarten mich schon meine Verbündeten. Wir gehen einen schmalen Pfad am See entlang, mein Verbündeter hinter mir, meine Verbündete vor mir. Der Pfad führt zu einer Art Halbinsel hinaus auf den See. Aus der Vogelperspektive sehe ich, dass der Pfad zu einem Damm wird, der die Umrisse einer großen Ohrmuschel draußen im See abbildet und schließlich durch den Gehörgang im Wasser verschwindet. Beim Gehen auf diesem Damm erlebe ich, wie die Wasser immer heftiger und bedrohlicher an mir vorbeirauschen und schließlich der Pfad selbst in Bewegung gerät. Ich halte die Hand meiner Verbündeten vor mir, während mein Verbündeter mich von hinten an der Schulter festhält. Die Angst schwindet. Ich halte und werde gehalten. Doch ein immer stärkerer Sog bildet sich, der alles wie in einem riesigen Strudel mit immer schneller kreisenden Bewegungen zur Mitte zieht, wo alles in die Tiefe gezogen wird.

Ich höre ganz deutlich alle Geräusche der Welt: Lachen und Weinen, Schreien und Jubilieren, Sprechen und Singen, Pfeifen und Toben, sie klingen mit in dem großen Sog und verdichten sich in der Mitte zu einem einzigen tiefen Klang aus der Tiefe des Schlundes. Von oben nimmt es sich aus wie das Bild eines großen Hurrikans, und wir – mittendrin – kreisen mit und kommen der verhängnisvoll anmutenden Mitte immer näher. Doch haltend und gehalten zwischen den Verbündeten habe ich keine Angst.

Plötzlich wird es ganz still. Wir sind im Auge des Hurrikans. Nichts rührt sich. Vor uns erhebt sich wie ein hoher, schlanker Turm eine Säule von der Gestalt eines Blütenstempels. Wir sind oben und schauen auf den um uns herum rotierenden Hurrikan, der mit einem Male wie die vielen Blätter einer wunderbaren, weißen Blüte aussieht. Auch ich und meine Verbündeten tragen schlichte, weiße Gewänder. Alles irdisch Bunte unserer Kleider war zuvor mit in den Abgrund gezogen worden. Über uns breitet sich ein wunderbarer Sternenhimmel aus. Wir schauen nach oben in den nachtdunklen Himmel und in die Weite über den Hurrikan, bzw. über das Feld der um unsere Mitte angeordneten Blütenblätter. Nur noch ein tiefer und gewaltiger Grundton über und in allem ist zu hören, die Summe aller irdischen Klänge.

Wir gehen in der Mitte der Säule durch eine Öffnung nach innen und gelangen in eine große, gewölbeartige Halle. Ringsum, an den Seiten und über uns am Gewölbe, sind kleine rötlich und gelb-golden flackernde Feuer. Es ist, als schaute ich aus der Mitte eines Christbaumes nach außen. An den Feuern sitzen die mir vertrauten inneren Gestalten, auch meine verstorbenen Eltern, Großeltern und andere Gestalten des Vertrauens. Sie sind alle bezogen auf die Mitte des Raumes. Dort leuchtet ein völlig anderes, weißes Licht, heller als der hellste Tag. Ich gehe mit meinen Verbündeten hin. Sie halten mich. Ich schaue ins Licht und höre ganz deutlich den Klang der Stille. Es ist die Stille, auf der sich alle anderen Klänge der Welt aufbauen, der Resonanzraum hinter allem Klang. Ich schaue in die Tiefe des Lichtes und werde hineingenommen in ein tiefes Aus- und Einatmen. Ein ruhiges und gleichmäßiges Strömen. Ich höre die Worte: »Der Odem Gottes, dem alles entspringt.« In der Tiefe des Lichtes merke ich, dass im Ausatmen Gottes neues Leben entsteht. Alles wird neu, wie neu gewendet. Was vorher äußerlich war, wurde im Sog nach innen gezogen, eingeatmet und verwandelt, um im Ausatem einen neuen Anfang zu bilden. Ich höre die Worte: »Siehe, ich mache alles neu« und die Aufforderung: »Lass dich tragen.«

Ich lege mich ins Licht und schwebe sanft und leicht wie eine Feder im grenzenlosen Übergang von vergangenem und neuem Leben – wie auf einer glitzernden Wasseroberfläche, die mich trägt. Es erinnert mich an die glücklichen Momente, wenn ich im Wasser auf dem Rücken liegend in den Himmel schaue. Dort oben die Wolken und ich hier unten. Wir schweben und schweben.

Eine weitere Imagination zur Mitte der Seele erzählte eine in Wertimaginationen erfahrene Frau:

Mein Verbündeter wartet auf mich. Er steht in mildem Licht. Zur Begrüßung legt er seine Wange ganz zart an meine. So hat er mich noch nie begrüßt. Wir stehen lange ganz still. Behutsamkeit und Stille sind zu spüren. Von links kommt vorsichtig die

Verbündete. Beide nehmen mich in ihre Mitte. Licht und Helligkeit geht von ihnen auf mich über. Um mich herum wird es ganz hell. Ich spüre Freude, Glück, Lebendigkeit.

In der Mitte der Helligkeit wird ein goldener Brunnen (*Symbol für den Eingang in die Tiefe*) sichtbar. Goldene Wassertropfen tanzen in einer Fontäne ganz leicht nach oben. Ich schaue dem Spiel lange zu. Regenbogenfarben spiegeln sich darin. »Urquell des Lebens«, denke ich. Ich nehme einen Tropfen in beide Hände und schaue ihn an, möchte ihn kosten.

Da sehe ich ein Gesicht in diesem Gold (*Symbol der Vollkommenheit, des Göttlichen*): Augen, die nur Güte ausstrahlen und Wärme! Augen, die mich suchen und mich meinen! Das Wörtchen »Du« drängt sich mir auf. Ich bin tief berührt. Diese Güte füllt mich ganz aus. Mir scheint es unfassbar und doch real. Ich höre in mir Worte Martin Bubers: »Wo ich gehe – Du! / Wo ich stehe – Du! / Nur Du, wieder Du, immer Du! / Du, Du, Du! / Ergeht's mir gut – Du! / Wenn's weh mir tut – Du! / Nur Du, wieder Du, immer Du! / Du, Du, Du! / Himmel – Du, Erde – Du, / Oben – Du, unten – Du! / Wohin ich mich wende, an jedem Ende; / Nur Du, wieder Du, immer Du! / Du, Du, Du!«

Was es bedeutet, in der Mitte der Seele zu sein, zeigt besonders eindrucksvoll das dritte Beispiel. Es zeigt die Möglichkeit vorläufiger Einswerdung mit der Kraft des Geistes. Es zeigt auch die Möglichkeiten gravierender Lebensveränderungen weit über den individuellen Horizont hinaus. Ob einmal die Zeit kommen wird, in der Menschen innere Wanderungen solcher Art nicht mehr nur seltsam oder befremdlich finden, sondern als Ausgangspunkt für politisch relevante Umwälzungen verstehen werden?

Ich erwarte meine Verbündeten auf der Mitte des großen Sees. Wir stehen dort im Lichtschein der Sonne, um uns dann hinabfallen zu lassen auf den Grund des Sees.

In dem sandigen Boden zeigt sich eine große goldene Kugel (*häufig ein Symbol für neue, bisher nicht bekannte Lebensperspektiven*), in die wir hineingehen. Von hier aus fallen wir noch tiefer – bis zum Mittelpunkt der Erde. Die goldene Kugel bricht jetzt auseinander und entlässt uns in einen Sonnenraum, der aus Licht und Wärme besteht.

In der Mitte zeigt sich der Geistvolle. Er steht hier und empfängt uns. Er zieht mich an sich und ich werde erfüllt von seinem Feuer. Meine anderen Wertgestalten kommen dazu, beugen sich und knien um uns herum. Ich darf dort mit dem Geistvollen in der Mitte stehen. Wir befinden uns in einem Raum aus warmem Licht. Es gibt nur einen Ton, der in der Mitte des Geistvollen entsteht und durch den Raum kreist.

Dann sehe ich mich als Embryo oder Säugling in der Mitte des Geistvollen in absoluter Geborgenheit. Ich bin in ihm, in einem kleinen, goldenen Raum. Dann wieder stehe ich aufrecht neben ihm und seine Kraft und sein Feuer fließen in mich ein.

Ich stehe ganz nah bei dem Geistvollen, wie er mit ausgebreiteten Armen, und spüre deutlich den Wechsel von absoluter Geborgenheit und Kraft, die aus ihm zu mir fließt. Von diesem Mittelpunkt aus wird die Erde mit Kraft und Wärme erfüllt.

Zum Sinn

Die Sinnfrage ist die menschlichste aller Fragen.[30] Sie ist nicht gebunden an Alter und Geschlecht, an Kulturkreise und Bildungsschichten. Sie ist nicht nur die Frage der Verzweifelten, sondern auch, manchmal jedenfalls, die Frage derer, die das Leben grundsätzlich bejahen. Ob bewusst oder unbewusst, jeder Mensch fragt nach Sinn, denn er *glaubt* an Sinn: »Ob er es will oder nicht, ob er es wahrhat oder nicht – der Mensch glaubt an einen Sinn, solange er atmet. Noch der Selbstmörder glaubt an einen Sinn, wenn auch nicht des Weiterlebens, so doch des Sterbens. Glaubte er wirklich an keinen Sinn mehr – er könnte eigentlich keinen Finger mehr rühren und schon darum nicht zum Selbstmord schreiten.«[31] Was ist Sinn?

Sinn ist das, was mir hier und jetzt das Wichtigste, was mir die Hauptsache ist, das, was mich unmittelbar angeht und betrifft, wozu ich stehen, woran ich mein Herz hängen kann, wofür ich leben will. Sinn ist das, wodurch ich mit mir eins werde.

Sinn ist das vorrangige Motiv menschlichen Lebens. Sinn ist das, was der Mensch für Leib, Seele und Geist am meisten braucht. Deshalb ist Mangel an Sinn Mangel an Motivation zum Leben und daher Mangel an Beziehung zu Werten. Mangel an Sinn aber, so Viktor Frankl, führt zum existenziellen Vakuum, zur inneren Leere.

Existenzielles Vakuum bedeutet, keine Orientierung mehr im Leben zu haben, den Zugang zur inneren Welt und damit zugleich die Offenheit fürs konkrete Leben verloren zu haben und also nicht mehr zu wissen, wozu man da ist.

Was für alle bereits genannten menschlichen Phänomene gilt, gilt auch für den Sinn. Wir erleben auch ihn in personifizierter Gestalt. Und weil die Erkenntnis von und das Gefühl für Sinn tief im unbewussten Geist verwurzelt sind, weisen auch die Sinnfinder über die Immanenz hinaus. Das Beispiel zeigt, dass Sinnerfahrung mehr ist als sinnvolles Erleben und sinnvolles Tun, sondern auch und im Besonderen Erfahrung der Fülle inneren Lebens.

Die Verbündeten (der männliche und die weibliche) stellen sich neben mich. Sie auf die linke Seite, er auf die rechte. Sie nehmen mich bei den Händen und bleiben stehen. Von beiden Verbündeten geht große Sicherheit und Ruhe aus.

Da öffnet sich der Boden unter uns und wir treiben im Dunkel nach unten. Ich schaue nach unten und sehe einen Feuerschein. Mir wird wärmer. Ob wir in der Lava des Erdinneren landen? Energie und Wärme strömen uns entgegen. Ungeheure Kraft! Dann hört das Sinken auf.

Um uns herum entsteht ein weiter Kuppelbau aus gelb-goldenem Licht, in mir Weite und erwartende Stille. Die Verbündeten stellen mich in die Mitte. »Warte«, sagen sie und gehen. Ich warte einige Zeit. Da stellen sich zwei Gestalten vor mich. Ich »weiß«, dass sie die Sinnfinder sind. Von ihnen geht Klarheit, Eindeutigkeit, Klugheit aus. Ihre Gesichter wirken fein, edel, würdig, aristokratisch – ja, es ist, als seien sie »von einem größeren Adel«. Ihre Augen strahlen Güte, Wärme, aber auch ein wenig Schalk aus, vor allem die der Frau. Sie nehmen mich in ihre Mitte. Dieses Mal steht der Mann links und die Frau rechts von mir.

Wieder geht es im Dunkel nach unten. Unten sehe ich einen hellen Punkt. Ob es ein Embryo ist? Nein, es ist noch etwas Früheres. »Keimzelle des Lebens« drängt sich meinem Inneren auf. Wir kommen zum Stehen. Da trifft von irgendwoher ein Lichtstrahl meine Person. Ich werde ganz von diesem Licht erfüllt. Weite, Wärme, Unbegrenztheit. Das Licht geht über mich hinaus und erfüllt alles.

»Abba« (*aramäisch, die vertrauensvolle kindliche Anrede Gottes*) ist meine einzig mögliche Reaktion. Ich kämpfe mit den Tränen. Bin tief berührt. Da streift noch einmal ganz zart ein Lichthauch mein Herz. Ich spüre die Zartheit eines Säuglingskopfes (*in diesem Zusammenhang Symbol für das unverletzte innere Kind*) in meinem Herzen und lege meine innere Hand darauf. Unendliche Zartheit und Liebe erfüllen mein Herz. Durchströmen meinen ganzen Körper. Ich spüre eine unendliche Scheu in mir, »eine heilige Scheu«. Dann höre ich die Worte: »Sei und liebe.« Tief bewegt komme ich langsam wieder zurück.

Zur Unverletzbarkeit

Gibt es einen Ort in uns, der von Verletzungen, Verzweiflung, Leid und Not nicht oder kaum besetzt wird, – an dem die Seele Atem holen kann, selbst dann, wenn draußen das Leben tobt? Auch dann, wenn weite Bereiche der Seele von dunklen Gefühlskräften überspült werden? Selbst dann, wenn ein irreversibles Schicksal einen Menschen aus der Bahn geworfen hat? Diesen inneren Ort gibt es, denn die Seele ist polymorph und polyphon, vielgestaltig und vielstimmig, und aller Erfahrung nach nie nur dunkel.

Auf diesen »Ort« der Unverletzbarkeit wurde ich durch die Wertimagination einer Mutter aufmerksam, deren Sohn in jungen Jahren tödlich verunglückte und die trotz des langen zeitlichen Abstandes zu seinem Tod zu bestimmten Zeiten immer wieder niedergeschlagen war. Nachdem sie »zufällig« diesen Ort gefunden hatte, veränderte sich ihr Leben. Fortan nahm ich diesen Ort in meine Arbeit auf. Er ist uns inzwischen besonders kostbar. Die ersten beiden Beispiele erlebte eine Ordensschwester:

Beide Verbündeten erwarten mich in der Wüste. Sanddünen vor uns – Weite. Die Begrüßung ist sehr warmherzig. Wir haben eine gute Beziehung zueinander. Ich lasse mir Zeit zur Begrüßung.

Dann schauen sie mit mir in die Wüste. In ihr entsteht ein Raum, in dem die Fußwaschung und das heilige Abendmahl stattfindet. Ich sehe und erlebe diese Szene unmittelbar, als wäre ich 2000 Jahre zurückversetzt. Ich bin tief berührt! Es herrscht eine Atmosphäre von Behutsamkeit, verschenkender Liebe, Zartheit. Am liebsten würde ich in diesem Raum bleiben. Hier ist nur

Angenommensein und Geborgenheit, Zugehörigkeit, Bewahrendes, Behütendes, wieder Heilendes, Heilmachendes, Heil bringendes Leben, Schutz. Ich bin tief ergriffen.

Die Atmosphäre verdichtet sich zu einer nichtmateriellen hellen Kugel. Die Kugel sinkt langsam nach unten. Das Geschehen (das Abendmahl) bleibt in der Kugel sichtbar. Sie wird von den berühmten großen geöffneten Händen aufgenommen.

Dann verwandelt sich der Inhalt der Kugel. In der einen Hand liegt ein Embryo, die andere legt sich schützend und segnend über ihn. Leben, Schutz und Segen geht von der Innenfläche dieser Hand aus und fließt zum Embryo (*Symbol für werdendes, wachsen wollendes Leben – persönlich und allgemein*) hin. Ich schaue lange zu. Jede Szene entwickelt sich überhaupt sehr ruhig und langsam.

Nun scheint es mir, als habe sich der Embryo zu einem kleinen, gerade geschlüpften Vogel verwandelt. Neues, zartes Leben – noch im Flaum –, und auch dieses Leben ist geschützt in diesen Händen. Wie durch ein Kaleidoskop sehe ich nun Tausende von kleinen Vögeln in dieser Hand, als wären alle »Seelen« dieser Welt in dieser Hand geborgen und beschützt von Anfang an!

Dann verwandelt sich das Bild in ein Samenkorn mit kleinem Keimling. Auch der Keimling ist in dieser Hand gehalten und beschützt. (Es erinnert mich an das »Samenkorn, das in die Erde fällt und erstirbt und viel Frucht bringt ...«.) Worte sind spürbar: »Keimling (Ursprung, Keimzelle) allen Lebens, geschützt seit Ewigkeiten für Ewigkeiten!«

Als Letztes sehe ich in diesen Händen eine kleine Öllampe mit Schnabel. Eine kleine Flamme brennt ruhig. Auch diese ist geschützt. »Feuer des Lebens, geschützt von Ewigkeiten zu Ewigkeiten!«

Tiefer Friede und Ruhe geht von diesen Bildern aus. Wärme, Fürsorge, Behutsamkeit und Zartheit. Liebe und Achtsamkeit! In mir ist tiefes Staunen und Berührtsein.

Nun schaue ich mich nach meinen Verbündeten um. Sie stehen in der Wüste und warten auf mich. Als ich nach ihnen schaue, sehe ich das Bild des Keimlings und der Öllampe im Sand, von Sand überdeckt, so als würde ein Photo doppelt belichtet. Mir scheint, als sagte jemand: »Für menschliche Augen nicht sichtbar.« Als müssten Augen für dieses Geheimnis erst geöffnet werden.

Beide Verbündeten führen mich zu unserem Ausgangspunkt zurück. Dann scheint es mir, als legten sie mir das Samenkorn und die Öllampe mit der Flamme ins Herz. So, als vertrauten sie mir eine tiefe Kostbarkeit an, mit der ich in den Alltag zurückgehen solle. Verborgen und doch gegenwärtig trage ich diese Kostbarkeit in mir und dadurch dorthin, wo ich bin. Mir scheint, als hätten sie mir einen Auftrag ins Herz gelegt und mich dazu ausgestattet.

Tief berührt und nachdenklich komme ich zurück. Reich beschenkt von einer Liebe, die unfassbar ist!

Eine Zwischenbemerkung: Ich finde es bedrückend, dass die beste und revolutionärste aller Botschaften – ich meine »des Himmels Wohlwollen« gegenüber der Welt – offenbar noch immer nicht tief greifend wirkt. Über die Ursachen und Gründe ist viel geschrieben worden. Ein Grund liegt sicher darin, dass sich das Herz nur ungern über den Verstand ansprechen lässt, weit lieber dagegen von der inneren Welt, von der Basis des Geistes. Die Wertimaginationen, die von dieser Basis ihren Nährstoff beziehen, sind solche Öffner der Herzen.

Die Ordensschwester, die mir die eben geschilderte Wertimagination zur Verfügung stellte, schrieb mir irgendwann die folgenden Zeilen: »Durch die Wertimagination werde ich immer mehr mit meiner inneren Welt vertraut. Dadurch bekomme ich eine tiefere Beziehung zu mir selber und zu meinen verborgenen Gefühlskräften. Da ich als

Ordensfrau ein kontemplatives Leben lebe, vertieft sich durch die Wertimagination meine Beziehung zum lebendigen Gott. Mein Glaube an Christus hat sich vertieft und ist konkreter geworden. Ich erlebe mehr, was die Bibel den »Christus in mir« nennt. Eine Ahnung von Gottesbegegnung wird spürbar und ich kann ein wenig nachvollziehen, was wir heute ›christliche Mystik‹ nennen. Manchmal waren mir Wertimaginationen auch bei konkreten Entscheidungen auf meinem Lebensweg sehr hilfreich! Ich möchte sie in meinem Leben nicht mehr missen.«

Nicht weniger anschaulich formulierte ein Priester die Beziehung von Wissen und Erfahrung: »Immer wollte ich es einmal erfahren, dass ich angenommen bin, das heißt für mich, dass Gott auch mich liebt. Vom Wissen her war es mir ja klar und so habe ich es auch anderen Menschen verkündet. Gleichzeitig bewegte mich die Frage in meiner Arbeit als Priester: Wie kann ich Menschen in ihrem Herzen erreichen, wie kann ich sie in ihrem Inneren treffen? In den Wertimaginationen habe ich selbst (und mit anderen) solche Erfahrungen gemacht.«

Eine weitere Wertimagination zur Unverletzbarkeit:

Meine Verbündeten und ich stehen im Kreis in meiner Landschaft. Wir reichen uns die Hände. In unserer Mitte taucht aus dem Boden meine Krone (*Symbol der Selbstbestimmung*) auf. Ich setze sie mir auf.

Die Verbündeten führen mich zum Meer und wir tauchen hinein. Auf dem Meeresgrund entsteht über uns ein gewaltiger »Licht-Dom« mit einer riesigen Kuppel aus strahlendem, sprudelndem, flüssigem Licht. Der Raum, den sie umgibt, ist erfüllt von goldenem, warmem Licht. Wir stehen in der Mitte und nehmen den sakralen Geist des Raumes in uns auf.

Da tut sich zu unseren Füßen der Boden auf und wir gelangen in eine tiefere Ebene. Dort sind wir in dem gleichen Dom aus Licht. Es wiederholt sich: Wieder tut sich der Boden auf und darunter wird wieder der Licht-Dom sichtbar, weiter und weiter, tiefer und tiefer, bis in die Unendlichkeit.

Plötzlich wechselt das Bild: Die Verbündeten und ich stehen im Kosmos. Zwischen uns befindet sich eine goldene Kugel. Wir stehen felsenfest. In der Kugel zeigt sich ein Herz – es ist die Liebe. Die Verbündeten stellen mich in ihre Mitte und schließen ihre Arme wie einen Kreis um mich. Sie halten die Kugel über mich und es strömt Licht heraus. Das Licht ergießt sich über mich, bildet wieder einen Licht-Dom und fließt ganz durch mich hindurch. Ich bin Licht.

Wir sehen die Erde, die Sterne, den Kosmos, die Sonne. Es kommen Strahlen von der Sonne, die uns zu ihr lenken. In die Sonne gehe ich allein, die Verbündeten bleiben zurück. Ich gehe ins Zentrum der Sonne, atme ein und aus. Es ist kühl und frisch. In mir sind und fließen kleine Sonnen, alle Organe, alle Blutkörperchen sind kleine Sonnen. Die Strahlen gehen unendlich weit, ohne Grenzen. Aber ich bin klar umgrenzt, klar definiert. Ich stehe fest verwurzelt mit erhobenen Armen und fühle mich ganz leicht. Ich singe einzelne Töne. Sie verströmen Geist, Weite, Konzentration, Unendlichkeit, Liebe, Verantwortung, Transzendenz.

Nachdem der Ort der Unverletzbarkeit in die Imaginationsarbeit eingeführt worden war, lag auch die Einführung des/der Unverletzbaren nahe. Der/die Unverletzbare gehört inzwischen zu den wichtigsten Wertgestalten. Sie ist besonders hilfreich, wenn Worte versagen, zum Beispiel bei irreversiblem Schicksal, gleich, ob es sich um schwere körperliche Verletzungen handelt oder den Verlust geliebter Menschen. In der nun folgenden Wanderung empfahl ich der Imaginandin, sich von ihren Verbündeten zum Unverletzbaren führen zu lassen.

Beide Verbündeten begrüßen mich am Strand. Sie sind mir vertraut. Ich bitte sie, den »Schulterschluss« (*Symbol dafür, dass Entscheidendes bevorsteht*) mit mir zu machen, da ich ihn noch nicht kenne: Sie legen mir die Arme um die Schulter, was ich als wohltuend empfinde. Dann neigen sie die Köpfe zur Mitte, sodass sich unsere Köpfe am Scheitel berühren. Ich spüre einen Kraftstrom, der wie ein Ring unsere Gehirne durchströmt. Denselben Kraftring spüre ich an den Schultern und an der Taille. Wir stehen lange so und lassen diese Energie wirken.

Dann nehmen sie mich in ihre Mitte und gehen mit mir den Strand entlang. Nach einiger Zeit biegen sie im rechten Winkel ins Meer. Wir gehen auf dem Wasser (*Symbol für die Gewissheit, dass das Leben trägt; denn das Meer, ein Ursymbol, ist ein Symbol für die Gesamtheit der Gefühle*) bis in die Mitte des Meeres (*seelisch-geistige Mitte*). Dort nehmen sie ihre Arme hoch und lassen sich mit mir in die Tiefe sinken. Auf dem Meeresgrund landen wir in einer weit geöffneten Muschel. In ihr liegt eine wunderschöne große Perle. Wir schauen auf diese Perle. Da weitet sie sich und dehnt sich aus, nimmt uns mit in sich hinein und erfüllt alles mit ihrem Licht und ihrer »Geistsubstanz«, die aber keine Materie ist. Weite, Leichtigkeit, Unendlichkeit, Freiheit sind zu spüren. Unsere Gestalten sind Teil dieses Lichtes, lösen sich aber im Licht nicht auf. Ich kann meinen Körper genau spüren und die Umrisse unserer Gestalten sind klar sichtbar. Ich nehme in mir ein abwartendes, gespanntes Gefühl wahr. Ich bin ganz wach dafür, was jetzt geschehen wird.

Aus der Ferne kommt eine helle Gestalt auf uns zu. Diese Helligkeit hatte ich zuvor noch nie gesehen. Hoheit, Erhabenheit, Klarheit, Kraft, Energie. Ein Engel? Oder mehr noch? Ich kann nicht anders, als niederknien und mit der Stirn den Boden berühren. Meine beiden Verbündeten stehen rechts und links hinter mir. Da spüre ich eine ganz zarte Berührung an der rechten Schulter. Ich schaue auf und sehe eine Gestalt rechts von mir knien. Friede und eine tiefe Ruhe gehen von ihr aus. Ich sehe Augen, die mir ganz zugewandt sind. Da frage ich: »Wer bist du?« Die Gestalt führt ihre rechte Hand zu meinem Kinn, um mich aufzurichten. Da sehe ich eine durchgrabene Hand, die Wundmale (Jesu). Ein tiefes Berührtsein ergreift mich. Ich weine. Ich brauche keine Antwort mehr.

Dann schaue ich in seine Augen. Es scheint mir, als schaute ich in einen tiefen See, dunkel, unergründlich, in alle Zeitalter reichend. Plötzlich falle ich in diesen See und komme im Herzen Jesu an. Dann fällt dieses Herz in meines. Ich spüre mich in seinem Herzen in meinem Herzen! Eine dichte Energie erfüllt mein Herz! Es droht gesprengt zu werden. Ich atme tief durch. Da legen sich Hände um diese Herzen und halten sie. Wärme, Kraft und Wissen steckt in diesen Händen. Schöpferhände. Da wird es ruhig in mir. Diese Hände sind schützend, bergend, haltend, kraftvoll und zugleich zart und behutsam. Sie umfassen diese Herzen so vorsichtig, wie man ein Neugeborenes hält, das gerade von der Nabelschnur getrennt wurde. Und ich höre die Worte: »Dies Kind (Herz) soll unverletzt sein.« Wieder bin ich tief berührt.

Nun legt der Auferstandene seine Hand an meine Wange und ich meine rechte Hand an seine. Welch ein inniger Augenblick – wie ein Hauch von Ewigkeit! Tiefer Friede, Zartheit, Behutsamkeit, Einheit, Schweigen! Es scheint, als stände die Zeit still. So will ich am liebsten bleiben! Ich koste den Augenblick tief aus. Da höre ich mein Herz beten: »Mein Herr und mein Gott.« Friede, Stille, Ruhe, Geborgensein, Liebe, Behutsamkeit, Zartheit füllen mich aus. Ich habe Ostern erlebt!

»In der Nacht träume ich«, schreibt die Imaginandin: »Diese Herzen, gehalten von den beiden Händen, weiten sich und ein Strom von Liebe fließt über die Hände. Kleinere Hände strecken sich diesem Strom entgegen und in ihnen liegen Herzen. Ein warmes Gefühl durchströmt mich. Die Spannung in meinem Herzen lässt nach. Es ist gut! Dann höre ich: ›Wer in der Liebe bleibt, der bleibt in Gott und Gott in ihm. Was in der Liebe geborgen ist, ist unverletzbar.‹«

Zum Ort des Geliebtwerdens

Das, wonach wir uns am meisten sehnen, wird zwar unterschiedlich benannt, doch laufen alle Antworten auf diese Frage erfahrungsgemäß auf Eines hinaus: geliebt zu sein, sein zu dürfen, wie man ist.

Nun sagt man, nur der Mensch könne dieses schönste aller Gefühle erleben, der eine liebevolle Zuwendung von anderen erfahre, zunächst von Mutter, Vater oder den Großeltern, später auch von anderen. Deshalb sei es besonders für Menschen mit einer von Lieblosigkeit geprägten Vergangenheit schwer, dieses kostbare Gefühl zu entwickeln. So habe auch ich lange Zeit gedacht – bis ich im Lauf der Zeit durch die Arbeit mit Imaginanden, vor allem mit tief Verletzten, die Erfahrung machte, dass die primäre Bedingung der Möglichkeit, sich geliebt zu fühlen, in uns selbst liegt. Und das gilt zweifelsfrei auch für jene, die in ihrer Kindheit nicht das Gefühl erfahren durften, geliebt zu sein, und das aus zwei Gründen. Der erste: Weil die Tiefe der Seele keine Grenze hat, füllen weder Glücks- noch Unglückserfahrungen die ganze Seele aus. Der zweite: Das Gefühl, in sich selbst geliebt zu sein, kann durch unterschiedlichste Widerstände verkapselt oder blockiert sein – dennoch bleibt es in der Regel vorhanden, denn die Wertgestalten, die dem Imaginanden die Liebe zukommen lassen, sind und bleiben autonom.

Die Lösung? Je mehr ein Mensch in die Tiefe seiner Seele »wandert«, desto eher findet er den von Verletzungen freien »Raum« des unbewussten Geistes, im besonderen den Ort des Geliebtwerdens, in dem ihm die Wertgestalten begegnen, die ihn bejahen, wie er ist, und von denen er sich geliebt fühlt, ohne daran zu zweifeln. Ein beeindruckendes Beispiel:

Mein Verbündeter führte mich in eine Kirche; vorne in der Apsis stand ein großes, schlichtes Holzkreuz. Wir gingen auf dieses Kreuz zu. Als ich dem Kreuz gegenüberstand, bemerkte ich, dass es einen Schatten auf die runde Wand der Apsis warf. Dadurch erschienen die Querbalken wie einladende Arme. Mein Verbündeter forderte mich auf, noch näher hinzuzutreten und mich von dem Kreuz umarmen zu lassen. In dieser Umarmung erlebte ich eine sehr wohltuende Nähe und ein Gehaltensein. Ich konnte mich einfach anlehnen.

Nach einer Weile spürte ich plötzlich das Kreuz in meinem Kreuz. Der Längsbalken legte sich an meine Wirbelsäule und der Querbalken unter meine Arme. Während ich noch die starke Unterstützung wahrnahm, wurde aus dem Kreuz eine große Holzschale. Diese Schale trug mich nach oben. In der Schale liegend schwebte ich dem Himmel entgegen und fand mich in einem Schoß, der groß und weich war, wieder.

Ich spürte, dass zu diesem Schoß eine große Gestalt gehörte, die aber im Verborgenen blieb. Ich musste sie auch nicht sehen; es war genug, sicher in ihrem Schoß zu liegen. Mal lag ich als Kind, mal als Erwachsene dort – immer war der Schoß groß genug. Eine starke Kraft und eine feine Zartheit gingen von ihm aus. Ich spürte einen unendlich wertschätzenden Blick auf mir ruhen. Es war, als hätte die große Gestalt etwas sehr Kostbares in ihrem Schoß geborgen. Ja, ich war zutiefst geborgen. Ich konnte in tiefem Frieden ausruhen und mich ausstrecken.

Wieder nach einer Weile verwandelte sich der Schoß in einen Brunnen, und ich badete in wunderschönem klarem Wasser. Ich wusste: Jetzt war ich angekommen. Ich badete in der Liebe. Mein Verbündeter stand etwas abseits, verfolgte mein Bad mit zustimmenden und ermutigenden Blicken. Ich genoss das Bad der Liebe, das Bad in der Liebe in vollen Zügen. Ich war umgeben von und eingetaucht in Liebe – Gefühle von Wärme, Reichtum, Schönheit, Frieden, Gutsein, Angenommensein, In-Ordnung-Sein, Geborgensein, leidenschaftlichem Geliebtsein erfüllten mich. Ich spürte, es war so viel davon da, dass ich damit niemals zu Ende kommen würde.

Die verborgene Gestalt sagte mir zu: »Du wirst satt – alle können satt werden.« Unter dieser Zusage bekam der Brunnen plötzlich viele einzelne Wasserstrahlen – und ich konnte davon trinken. Als ich trank, passierte es, dass das Wasser durch mich hindurchfloss, und ich verwandelte mich in ein kostbares Kristallgefäß – einem Rohr ähnlich. Je mehr Wasser hindurchfloss, umso reiner, klarer und kostbarer wurde das Gefäß – ich wurde durchströmt! Obwohl das Wasser wieder aus mir herausfloss, war ich selbst erfrischt und gestärkt genug.

Mein Verbündeter forderte mich nun auf, in die Ferne zu blicken, und ich sah ein weites Land, das durchzogen wurde von einem großen, glänzenden, strahlenden Strom. Am Horizont war es nur licht und hell – alle Grenzen lösten sich auf. Es war ein herrlicher, ein überwältigender Blick! Der Verbündete gab mir zu verstehen, dass ich dort hinschauen, aber nicht hingehen könne, da dies jetzt noch viel zu groß und zu überwältigend für mich sei. (*Der Blick ins verheißene, aber noch nicht erfahrbare Land ist ein uraltes, auch in Wertimaginationen erscheinendes Motiv.*) Es war ein Blick in eine andere, kommende, göttliche Welt. Der Blick reichte bei Weitem aus, um ganz tief in mir staunend zu wissen: Am Ende siegt die Liebe! Die Liebe ist das Größte, und Gott ist die Liebe. Ich wusste, ich hatte ein Bad in der grenzenlosen göttlichen Liebe erlebt.

Die Tür zur Transzendenz

Der Begriff »Tür zur Transzendenz« (Frankl) hat mich, seit ich ihn las, nicht mehr losgelassen. Er hat mich bewegt, berührt, beschäftigt. Zwar sei es nicht Aufgabe der Psychotherapie, hatte Frankl gesagt, den Patienten durch diese Tür zu führen – das sei die Aufgabe des Seelsorgers –, doch dürfe sie ihm auch nicht verschlossen werden. Bei den meisten Wertimaginationen mit diesem Ziel fiel mir auf, dass häufig selbst die ihrem Selbstverständnis nach spirituell Uninteressierten an den Wertgestalten, die sie begleiteten, spirituelle Züge entdeckten.

Wegen der Besonderheit dieses Zieles möchte ich Ihnen vier Beispiele vorstellen.

Die folgende Imagination erzählte eine Frau, die durch lebensfeindliche kirchliche Äußerungen allem Spirituellen gegenüber größte Skepsis entwickelt hatte. Vor Beginn dieser Wanderung hatte sie sich nicht vorstellen können, jemals solche Erfahrungen mit sich selbst machen zu können. Einige frühere Wertimaginationen hatten allerdings eine versöhnlichere Haltung dem Spirituellen gegenüber ahnen lassen. Ihre Erzählung:

Ich gehe eine gemauerte Wendeltreppe hinunter. Bald weitet sie sich zu einer weißen, breiten Marmortreppe. Alles um mich herum wird hell und licht, ich sehe weiße, unendliche Weite, bunte Vögel und Blumen.

Ich gehe zu dem Platz, an dem ich stets meine Verbündeten treffe, und mache mich wieder mit ihnen vertraut. Mit ihnen rutsche ich durch die Erde bis zum Erdkern. Er ist eine große, goldene Kugel. In ihr spiegele ich mich. Es spiegeln sich auch Fenster in der Kugel, durch die ich aber nicht hindurchschauen kann. In meinen Augen spiegelt sich die Kugel unendlich.

Ich sehe durch die Augen der Verbündeten. So gestärkt, kann ich mit meiner linken Hälfte die goldene Kugel durchdringen. Ich bin halb in ihr und halb außerhalb. Innen sehe ich helle, weiße Wolken und höre helle Töne, aber ich bleibe geteilt, kann nicht ganz hinein. Deshalb rufe ich meine Indianer.[32] Kurz nachdem sie erschienen sind, ertönt ein Trommelwirbel – wir können nun in die Kugel hineinsehen.

Ich sehe eine Wüstenlandschaft mit einem steil aufragenden Berg. (*Die Wüste hat unterschiedlichste Bedeutungen. In Wertimaginationen symbolisiert sie häufig eine Vorstufe zu neuen Erfahrungen.*) In der Ferne wandern dunkle Gestalten. Es ist der Auszug der Kinder Israels aus der Knechtschaft. Der Himmel öffnet sich, es fällt ein strahlendes Licht herab, und Mose erhält die steinernen Gebotstafeln. Alle Menschen freuen sich.

Ich sitze abseits im Lotussitz. Da fallen zwei runde, steinerne Tafeln in meine Hände. Auf der einen ist ein Herz eingeritzt, auf der anderen ein Fisch. (*Das Herz symbolisiert den Sitz der Seele, die Mitte des Menschen und der Welt. Der Fisch als Symbol weist in diesem Zusammenhang auf Göttliches hin.*) Ich nähere mich den Menschen und den Gebotstafeln. Ich sehe, dass die steinernen Tafeln wie ein Bildschirm das gesamte Leben abbilden. In bunten Farben fließen Bilder der Welt, der Menschen, Städte, Urwälder, Meere über die Tafeln. Man kann die Bilder jederzeit anhalten und genauer betrachten. Es ist das ganze Leben, üppig und bunt. Mir wird klar, dass die Tafeln keine Gesetze tragen – nein, man kann jede Frage an sie stellen, und sie wird beantwortet.

Ich frage: »Woher komme ich?« Ich höre ein warmes Lachen und spüre den Hinweis auf das bunte Leben, schaue in die Richtung, aus der es fließt.

Ich frage: »Wohin gehe ich?« Wieder ertönt das warme Lachen, und ich schaue auf die Tafeln in die Richtung, in die das Leben fließt.

»Wo finde ich Liebe?« Die Antwort ertönt: »Sie ist in dir.«

»Was brauche ich?« – »Geduld ... bete und tanze im Licht.« Ich bete um Gesundheit für meine Kinder und meine Lieben. Ich sehe mich um. Um mich herum tanzen alle zu fröhlicher Musik. Es ist wie ein kubanisches Fest.

Ich frage: »Wo ist mein Weg?« Unter mir tut sich eine Katakombe auf und ich gehe in diesen finsteren Raum. Ich rufe meine Verbündeten und meine Indianer. Sofort öffnet sich der Blick, und wir sind nicht mehr in der Katakombe, sondern in unbegrenztem, hellem Licht. Wir sehen unendliche Weite und spüren absolute Freiheit. Ich stelle mich in einen Kreis mit den Verbündeten. In unserer Mitte wächst eine große Tulpe als Symbol der Selbstliebe.

»Imaginationen wie diese«, sagte die Imaginandin, »sind für mich der Zugang zu einer nichtkonfessionellen Religiosität. Ich erhalte in ihnen das tiefe Gefühl eines Aufgehoben- und Getragenseins in vollkommener Freiheit. Ich weiß, dass es möglich ist, durch die Ausrichtung auf den Geist Antworten zu erhalten, die nicht in mir entstehen. Diese Antworten sind hoffnungsvoll, von Liebe getragen, niemals einengend oder verurteilend.«

Die zweite Wertimagination erlebte ein älterer Mensch:

Vor mir sehe ich eine Wendeltreppe, die nach unten führt. Je tiefer ich komme, desto enger und dunkler wird es. Mit beiden Händen an den Wänden taste ich mich nach unten. Das Gestein ist trocken, die Wände aus hellem Sandstein. Drei Stockwerke gehe ich nach unten und gelange in einen runden Raum. (*Runde Räume zeigen sich in Wertimagination ausschließlich als gute, hilfreiche Orte.*) Dort erwartet mich mein Verbündeter. Nachdem wir uns vertraut gemacht haben, führt er mich durch einen dunklen Gang nach unten, der in der Wüste endet.

Das Gelände ist uralt. Ich scheine Jahrtausende zurückversetzt zu sein. Schroffe Felsen sehe ich rechts von mir, vor uns liegt weites Wüstenland mit hohen Dünen und unendlicher Einsamkeit. Die Sonne flimmert heiß.

Da entsteht in der Ferne ein Lichtkreis, der alles durchleuchtet. Jedes Sandkorn, jedes Luftteilchen wird durchdrungen von diesem Licht. Kleine kriechende Tiere werden ebenso von diesem Licht erreicht. Ich schaue lange diesem Prozess des »Durchlichtetwerdens« zu und staune. Da ist nichts, das nicht von diesem Licht berührt und durchdrungen ist. Nun erscheinen am äußersten Rand des Lichtkreises Regenbogenfarben. Feuchtigkeit scheint die Luft zu berühren. Wie klar und hell leuchten diese Farben! Staunend bleiben wir stehen und warten. Dann schaue ich in die Mitte des Lichtes und entdecke einen kleinen schwarzen Punkt. Wir gehen darauf zu. Er wird größer, wirkt wie eine Scheibe, in deren Mitte eine helle Öffnung zu sehen ist. Ich schaue hindurch und sehe eine warme, klare Helligkeit.

Beim längeren Hinsehen habe ich den Eindruck, dass sich die Kontur einer hellen Gestalt ausbildet, die mich an eine Gestalt aus der Offenbarung der Bibel erinnert, von der es heißt: »Der inmitten von sieben goldenen Leuchtern stand und in seiner rechten Hand sieben goldene Sterne hielt.« (*Offenbarung 1,13*) Helle Gestalten scheinen sich auf diese Gestalt hinzubewegen.

Mein Verbündeter durchschreitet mit mir diesen hellen Raum und führt mich in eine dunkle Höhle. Mächtige Kräfte scheinen hier am Werk zu sein, sie formen Felsen und Gestein. Rauschende Wasser sind zu hören. Ich komme mir vor wie in einer »Schöpfungswerkstatt«. Urgewaltiges wird geformt und Filigranes entsteht. Begriffe wie »Urhöhle, Urschöpfung« kommen mir in den Sinn. Alles scheint dunkel und doch ist alles von der Atmosphäre dieses Lichtes durchdrungen!

Am Ende der Höhle wird wieder ein Lichtpunkt sichtbar. Wir gehen darauf zu. Ich frage meinen Verbündeten, ob ich durch seine Augen in die Mitte dieses Lichtes sehen darf. Er erlaubt es mir. Ich schaue durch sie hindurch und muss sofort meine Augen schließen! Dieses Licht ist unendlich hell. Meine Augen können es nicht ertragen. Es schmerzt! Es ist zu hell – für mich. Wir setzen uns. Es scheint nicht mehr weiterzugehen.

Ist hier die Grenze? Oder gibt es eine Tür zu diesem Licht? Da sagt mein Verbündeter: »Ich bin die Tür«, steht auf und wartet auf eine Gestalt, die wie aus dem Licht auf uns zukommt. Da merke ich, dass diese Gestalt und mein Verbündeter eins sind. Er hat eine immanente und eine transzendente Wirklichkeit und ist doch eins! Diese »Zwei-und-doch-eins-Gestalt« führt mich in dieses Licht. Meine Augen sind nach wie vor geschlossen und doch ist es nicht dunkel. Wir schreiten ganz leicht bis zu einer Plattform. Hier kann ich meine Augen öffnen und nach vorne schauen. (Das ganz helle Licht ist in unserem Rücken.)

Da sehe ich vor uns wieder die Wüstenlandschaft, die von diesem Licht durchdrungen wird und über der die Regenbogenfarben leuchten. Staunend stehe ich und schaue in die Stille und Weite.

»Nach der Wertimagination«, sagte der ältere Mensch, »gehen mir Gedanken durch den Sinn: Da ist keine Trennung zwischen Immanenz und Transzendenz. Alles wird von diesem Licht berührt! Dem Licht, das am Anfang war, das sich in der Gestalt dessen zeigt, der inmitten der sieben Leuchter steht und von sich sagt: ›Ich bin die Tür‹ und ›Ich bin das A und das O, der Anfang und das Ende.‹ Und das unendlich helle Licht am Ende, zu dem nur die ›Zwei-in-eins-Gestalt‹ Zugang hat (für mich Jesus Christus). Und ich überlege: Wenn uns doch mehr bewusst wäre, dass dieses Licht, das ich Gott nenne, in jeder Schöpfung, jeder Kreatur, jedem Menschen gegenwärtig ist, wie viel bewusster und sorgfältiger würden wir mit dem uns Anvertrauten umgehen! Wie anders könnte unsere Welt und unser menschliches Miteinander aussehen! Ich spüre Sehnsucht in mir: ›I have a dream ... ‹«

In der dritten Imagination begleitete ich einen Mann, dessen Leben und Glaube müde geworden war und der eine immer stärkere Sehnsucht »nach etwas anderem« entwickelte:

Sein Weg beginnt auf einer Wendeltreppe, die ihn tief nach unten in seine innere Welt führt. Je tiefer er geht, desto weiter scheint sein Ziel entfernt zu sein. Deshalb schlage ich ihm vor, eine Wertgestalt kommen zu lassen. Zu meiner Überraschung stellt sich der innere Arzt ein (*Symbol für die Selbstheilungskräfte der Seele*), der sogleich die Führung übernimmt. In seiner Hand hält er einen Stab, einen besonderen Stab, einen mit Heilkräften. Kurz nach seinem Erscheinen endet die Treppe. Ein Gang wird sichtbar, der zunächst eng ist, dann breiter wird. Es scheint, als werde es licht außerhalb des Ganges.

Dann sieht der Imaginand Wasser. Der Arzt sagt ihm, er solle trinken und sich anschließend waschen (*Symbol für innere Reinigung*). Das tut er und fühlt sich frischer. Er passiert eine Höhle, die von einem Gitter abgesperrt ist und hinter dem sich Tiergestalten zeigen (*Symbol für zurückgehaltene vitale Kräfte wie Durchsetzungskraft, Lebenslust etc.*). Ein Tier wirkt besonders riesig und böse. Doch der Imaginand weiß,[33] dass die Befreiung der Tiere noch warten kann.

Dann wird es hell. Ein Schlagbaum wird sichtbar. Er hat für den Arzt nichts Befremdliches. Der Arzt scheint sich hier auszukennen, hier zu Hause zu sein. (*Ob die Seele dem Imaginanden deshalb den Impuls gab, ihn als Begleiter mitzunehmen?*) Hinter dem Schlagbaum wird es hell. Der Arzt sagt: »Verweile hier, sieh dir den Schlagbaum genau an!«

Der Imaginand hat das Gefühl, er solle hier Gepäck ablegen. Der Arzt nimmt seinen Stab und berührt ihn damit. »Es ist, als falle ein dicker Mantel von mir ab«, sagt der Imaginand. Mehrere Male wiederholt der Arzt diese Berührung. Das hat zur Folge, dass vieles von dem, was ihn bedrückt hatte, von ihm abfällt.

Dann gibt der Arzt ihm den Stab. Nach einigem Zögern nimmt er ihn. Wärme und Kraft durchströmen ihn. Er fühlt sich jugendlich, spürt, dass er »frecher« wird. Seine Sehnsucht nach dem hellen Land, nach dem Licht jenseits des Schlagbaums füllt ihn immer mehr aus. Je deutlicher er diese Sehnsucht spürt, desto mehr öffnet sich der Schlagbaum. Vor dem Imaginanden wird es heller, immer heller, sodass er die Helligkeit kaum noch ertragen kann. Er fühlt sich strahlend hell, fühlt nur noch den Stab in seiner Hand. Dann hört er Musik. Feierliche Musik. Wie eine Auftaktmusik. Er sieht einen roten Teppich und einen Thron. Darauf sitzt jemand. Der Imaginand selbst empfindet sich plötzlich klein, während alles um ihn herum riesig wirkt. Da hört er die Stimme dieses Jemand sagen: »Ich habe auf Dich gewartet.«

Der Imaginand hat Zweifel, ob er der Stimme glauben könne. Da kommt die Throngestalt ihm entgegen. Trotzdem scheint es, als stehe die Gestalt in einem anderen Reich als er selbst, als trenne sie und ihn eine Linie. Doch bevor er sich weiter solchen Gedanken hingeben kann, stellt der Jemand ihm eine Brücke hin. Der Mann schaut Jemand in die Augen. Sie leuchten und sind traurig zugleich. Er sagt: »Hast du mich nicht bemerkt in deinem Leben?« Während er das sagt, gehen Wärme und Wohlwollen von ihm aus. Der Imaginand selbst empfindet dagegen Wut, Wut über Entwicklungen, die er selbst herbeigeführt hat. Doch

Jemand sagt: »Gib es mir!« Er nimmt den Stab aus der Hand des Mannes und berührt ihn damit. Dann sagt er, keineswegs vorwurfsvoll: »Du hättest manches anders machen können.« Da geschieht für den Imaginanden Unbegreifliches: Alles, was ihn bis dahin noch beschwert hat, fällt nun von ihm ab. Alle Lasten sind verschwunden.

Wieder hat der Mann Zweifel, ob »das« so einfach gehe. Während Jemand ihn nicht aus den Augen lässt, erscheinen mehrere Gestalten, glückliche Wesen, die sich freuen und ihm zuzurufen scheinen: »Komm doch!« Da spürt er eine tiefe Ehrfurcht. Er beginnt zu wachsen. Licht wird ihm gegeben, sodass er selbst licht wird. Und ganz deutlich fühlt er sich der Seite jenseits des Schlagbaums verbunden, ja, ihr zugehörig. Er »weiß« allerdings: »Ich muss da nicht hinüber, weil die Verbundenheit mit jener Seite stark genug ist.«

Nach der Imagination, die der Mann als ungewöhnlich, tief bewegend und »wunderbar« empfand, zweifelte er nicht mehr daran, immer wieder zu jenem Ort zurückgehen zu können.

Die vierte Imagination erzählte eine Frau, für die seit Jahren der Umgang mit Wertimaginationen selbstverständlich ist. Bevor sie die eigene Tiefendimension kennenlernte, war auch sie aufgrund früherer Verletzungen dem Spirituellen gegenüber nicht gerade aufgeschlossen. Die Erzählung:

Ich bin auf dem Weg zu meinem prachtvollen Thron (*Symbol für Selbstbestimmung und Durchsetzungsfähigkeit*), auf dem immer wieder einmal mein zynischer Gegenspieler (*Personifizierung der Lebensverneinung*) Platz nimmt. Auch heute lungert er dort herum. Doch sein demonstratives Machtgehabe wirkt seltsam hohl auf mich, es hat keine Substanz.

Als er mich von Weitem kommen sieht, schleicht er sich davon wie eine feige Hyäne, gibt meinen Thron frei und ich nehme meinen Platz ganz selbstverständlich und mit einem Gefühl großer Würde ein.

Von dort aus trete ich schlicht, doch kostbar gekleidet, durch einen großen Dom den Weg zum Altar an. Ich soll heute vermählt (*Symbol für die innere Einswerdung*) werden.

Meine inneren Verbündeten erscheinen heute anders als sonst: Sie kommen mir in zwei Gestalten entgegen – und sind doch eine. Sie nehmen mich in ihre Mitte, reichen mir die Hände. Die innere Verbündete zu meiner Linken ist blau gewandet. Sie strömt Vitalität und Kraft aus, die tief in meinem Bauchraum eine pulsierende rote Kugel entstehen lässt. In ihr lodert ein unbändiges Lebensfeuer dem Himmel entgegen. Das Feuer beginnt ganz von mir Besitz zu ergreifen, mich auszuwärmen. Ich bin geballter Lebensdrang, bin ein einziges Wollen, ein einziges »Ja«. Mir geht das Wesen der blau Gewandeten auf: Sie verkörpert das Irdische, das Menschliche, das Mütterliche, das Gebärende, das lebendige Sein und auch das Sterbliche.

Zu meiner Rechten befindet sich die innere Verbündete als weiße Lichtgestalt. Obwohl körperlos, geht von ihr eine unbeschreibliche Präsenz aus. Sie ist reine Energie, die als weiße Kugel den gesamten Innenraum meines Kopfes auskleidet. Auch dies ist ein Ort des unbedingten Wollens, der Entscheidung, sich auf das Leben auszurichten und einzulassen. Es ist auch der Ort der Erkenntnis, der Klarheit und der Gewissheit, durch sie mit dem Geistigen, dem Göttlichen in Verbindung zu sein. Sie ist die Repräsentantin des Geistigen. Energie durchströmt meinen ganzen Körper.

Die irdische Verbündete, also die blau Gewandete, übernimmt zunächst die Führung auf dem folgenden Weg. Wir wandern auf einer Treppe in die Tiefe, die gläsern und daher transparent ist. Sonnendurchflutete Erdenbilder ziehen vorüber.

Dann ändert sich das Umfeld. Wir waten durch weißes, energetisches Licht, das uns ganz umgibt. Jetzt geht die geistige Verbündete voran. Es ist ihr Land. Sie bewegt sich mit großer Sicherheit, Zielstrebigkeit und Leichtigkeit. Ihr Lächeln besagt: »Schau, es gibt keine Tür zwischen den Welten. Alles ist eins, alles ist fließend.«

Wir drei wandeln uns zu einer blau-weißen Kugel, in der ich die mittlere Schicht bilde. Wir befinden uns in tiefster Tiefe in einem goldenen See. Dort wandeln wir uns zu einer Goldkugel und werden mit dem Goldsee eins. Ich vernehme eine deutliche Stimme: »Nur an diesem Ort wird der Mensch als Körper, Seele und Geist geeint.« Schließlich werde ich ein drittes Mal verwandelt: Ich werde, nachdem ich an Körper, Seele und Geist geeint bin, zu goldenem Humus.

Nun steht er, mein innerer Verbündeter, an meiner Seite. Durch ihn erkenne ich: Aus der Fruchtbarkeit des goldenen Humus entsteht alles Leben – nicht nur das meine. Er ist der Grund, aus dem das vergangene, das gegenwärtige und das zukünftige Leben hervorgeht. Der Verbündete bedeutet mir, ich solle warten.

Da sehe ich, wie in großer Ruhe und Feierlichkeit eine goldene Person daraus hervorsprießt. Zum Zeichen ihrer Herkunft trägt sie einen Heiligenschein. Mit großer Beschämung erkenne ich mich in dieser Gestalt. Doch der Verbündete ermutigt mich und fordert mich zugleich heraus: »Schaue, erkenne und sage Ja.«

Die Bedeutung der goldenen Person mit dem Heiligenschein erschließt sich mir. Sie steht für das Heilsein, Ganzsein, für einen Teil des Göttlichen. Meine Beschämung weicht einem Gefühl tiefen Friedens, Geborgenseins und der Dankbarkeit. Ich bin ausgefüllt von der Gewissheit: Ja, so ist es!

»Die Wertimagination beschert mir die Erfahrung«, sagte anschließend die Imaginandin, »dass es kein in Diesseits und Jenseits getrenntes Dasein gibt. Jede Trennung ist künstlich. Das Dasein geht über das kleine, bewusste, irdische Ich hinaus. Alles ist eins – eins ist alles – alles ist fließend. Zu erleben, verbunden zu sein mit gewesenem, jetzigem und zukünftigem Sein, macht jedes Leben zutiefst sinnhaft. Nichts geht verloren. Ich gehe nicht verloren. Ich bin Teil des Ganzen. Mein Kommen und Gehen hat seinen Ursprung im Göttlichen. Bin ich im Kontakt mit dieser Kraft, fühle ich mich frei von Lebens- und Todesängsten.«

Zum Lebenstraum

Viele Träume vom Leben lassen sich nicht leben. Da fehlt das Geld oder die Gesundheit, die Jugend oder der große Mut. Da ist eine soziale Bindung oder Mangel an Begabung. Viele Träume können nicht wahr werden, weil konkrete Wirklichkeiten sie nicht zulassen. Aber: *Einen* Traum muss jeder Mensch irgendwann einmal gelebt haben! Denn wer keinen seiner Träume verwirklicht, wird arm sterben. Warum? Weil er nie die pure Lust, nie das Ungewöhnliche, nie das ganz Große kennengelernt hat. Das ganz Große? Das ist nicht immer das, was sich nur Wohlhabende erlauben können. Das ist auch nicht immer das, was auffällig ist. Das ist vielmehr das, was ein Mensch im Rahmen seiner Möglichkeiten »einfach toll« findet.

In einer Wertimaginationsgruppe bat ich die Teilnehmer, sich ihren Lebenstraum zu vergegenwärtigen und ihn zu imaginieren. Eine Teilnehmerin wählte als Thema: »Doch noch das Improvisieren und freie Begleiten auf der Orgel zu lernen.« Was ihr Unbewusstes gestaltete, begeisterte nicht nur die Imaginandin:

Ich gehe durch unterirdische Gänge, wie in einer Felsenhöhle. Am Ende eines Ganges sehe ich eine bogenförmige Öffnung, auf die ich zugehe. Als ich in der Öffnung stehe, fällt mein Blick auf ein überwältigendes, wunderschönes Panorama: Vor mir in einem kleinen Tal liegt eine Stadt, hell und mit vielen kleinen, meist weißen oder sandfarbenen Häusern. Es wirkt auf mich wie Jerusalem. Die Gegend drumherum ist erdfarben, sandig und felsig, wie in Israel. Auf diese Stadt kann ich aber nicht geradeaus zugehen, denn unter mir befindet sich ein kleiner Abhang. Ich schaue nach rechts und merke jetzt, dass noch viele weitere felsige Torbögen neben mir sind, so als würden noch viele Gänge genauso auf dieses Plateau münden. Ich sehe ein richtiges Rondell aus Bögen neben mir.

An der Stelle, an der ich stehe, beginnt ein Weg. Er führt nach rechts in einem großen Bogen weiter, wohl in die Stadt. Diesen Weg beginne ich zu gehen. Ich muss ihn lange gehen, einen großen Bogen beschreiben. Dabei ist es heiß, der Weg sandig und staubig. Doch schließlich gelange ich in die Stadt. Intuitiv weiß ich auch, wo ich hingehe: in die Mitte der Stadt, wo sich eine Art Kirche oder Tempel befindet. Er hat irgendwie aus allen Religionen etwas in seiner Bauart. Ich gehe die helle, große Treppe hinauf und komme in einen großen Raum. Ich spüre sofort, dass es ein sakraler Raum ist. Auch er hat etwas von Kirche oder Tempel in seiner Einrichtung. Ich gehe weiter nach vorn und setze mich in eine Bank. Dort bleibe ich lange sitzen. Ich ruhe mich aus, komme zur Ruhe. Und plötzlich höre ich Musik.

Es ist überwältigend schöne Musik, harmonisch, symphonisch, numinos und irgendwie überirdisch. Sie erklang wohl schon die ganze Zeit, aber ich habe jetzt erst begonnen, sie zu vernehmen. Diese Musik vereint von allen Stilrichtungen etwas in sich: Gregorianik, Barock, Romantik, neue Musik, Zigeunerweisen ... Ich höre Orchester- und Orgelmusik gleichzeitig, auch Musik, die ich eher nach Indien oder Tibet oder China zuordnen würde. Alles erklingt gleichzeitig und passt zusammen, stört sich nicht, sondern vereint sich zu dieser wunderbaren Musik (ähnlich den verschiedenen Religionen).

Dann werde ich von einem Wesen abgeholt. Ich kann es nicht richtig erkennen, es ist irgendwie da, aber nicht zu sehen. Ich werde nach rechts um das geführt, was wie eine Art Altar wirkt. Dort befindet sich ein kleiner Orgelspieltisch. Dorthin soll ich mich setzen und spielen. Aber nur einen Ton mit einem Finger. Lange muss ich so spielen, immer wieder, dann zwei Töne, dann drei ... Langsam kommen immer mehr Töne dazu, dann auch mit beiden Händen und schließlich auch mit den Füßen, bis ich mit meinem Orgelspiel einstimme in die wunderschöne Musik.

Und dennoch bin ich nicht erfüllt davon, nicht wirklich ganz Teil dieser Musik. Etwas trennt mich noch, hält mich ab von der Einheit, etwas Störendes ist noch da. Und nun höre ich es genau: Es sind die Stimmen in mir, die mich niedermachen, die in mir rufen: »Du kannst das sowieso nicht! Lass es doch lieber gleich! Du hast keine Begabung und kein Talent! Du bist stümperhaft! Du machst alles verkehrt! ...« Vielfach tönt es so in mir mit vielen Stimmen, Worten und Sätzen und bildet eine extreme Gegenmusik zu der Musik in diesem Raum.

Wiederum werde ich an diesem Ort abgeholt. Zwei Gestalten führen mich weiter, durch eine große Doppeltür. Sie mündet in einen Säulenraum, in dessen Mitte sich ein großes Wasserbecken befindet. Ich habe den Eindruck von einem türkischen oder arabischen Bad, wie man es auf Bildern oder in Filmen manchmal sieht. Ich werde aufgefordert, mich auszuziehen und in das Wasser zu steigen. Stufe für Stufe steige ich hinab, immer tiefer. Das Wasser ist leicht trüb, bläulichgrün, türkisfarben. Am Grund angekommen, mache ich mich auf den Weg zur Mitte. Seltsam, unter Wasser wirkt es eher so groß wie das Meer, gar nicht wie ein begrenztes Wasserbecken. In der Mitte angekommen, muss ich mich an eine bestimmte Stelle begeben und dort niederknien. Ich sitze im Fersensitz am Boden. Und dann werde ich aufgefordert zu tönen: Ich soll alles das aussprechen und »ausspucken«, was in mir diese Misstöne sind. Ich öffne meinen Mund und beginne zu sprechen, dann zu schreien und zu weinen. Es ist enorm schmerzhaft und erfüllt von der Trauer in mir. Und jeder Satz, der aus mir herauskommt, steigt wie dunkler Nebel im Wasser auf und wird vom Wasser hinweggeschwemmt. Irgendwann bin ich ganz leer, ganz erschöpft, aber auch ganz erleichtert. Ich bleibe noch eine ganze Weile so unter Wasser sitzen. Dann kehre ich zurück, steige die Stufen wieder aus dem Wasser und werde wieder in den großen, hallenartigen Raum geführt.

Dort sitze ich wieder lange in der Bank und lausche der wunderbaren, göttlichen Musik. Wie rein und klar, wie umfassend und vereinigend sie ist! Irgendwann werde ich wieder abgeholt und an den Orgelspieltisch geführt. Dort soll ich wieder spielen, wiederum nur einen Ton. Und ich weiß genau, welcher Ton es sein soll: ein g! Ein g wie Grundton, oder göttlich, oder ... Nach und nach kommen wiederum mehr Töne dazu, bis ich mit beiden Händen und den Füßen einstimme in die Musik und den Klang dieses Raumes. Und jetzt sind keine störenden Stimmen oder Töne dabei.

Dann höre ich eine andere Stimme, die sagt: »Vergiss es nicht, darauf kommt es an. Du bist ein Ton vom göttlichen Klang!« Dieser Satz bringt in mir alles zum Fließen. Ich weine, bin aber erfüllt und glücklich. Wenn ich das nur tief in mir bewahren und erhalten kann, dann haben die anderen Stimmen keine Chance mehr. »Ich bin ein Ton vom göttlichen Klang!«

Zu den guten Mächten

Sie kennen das: Sie lesen einen Satz und wissen, dass er Ihnen viel zu sagen hat, doch sind Sie, vielleicht nur heute, nicht imstande, die emotionale Beziehung zu ihm zu finden, die Sie brauchen, damit er sich in Ihnen auswirken kann. Daher beglückt es mich immer wieder, dass wir uns wertimaginativ nicht nur einzelne Wörter wie zum Beispiel Mut, Freiheit oder Liebe nahekommen lassen können, sondern auch ganze Sätze. So bot ich in den Adventstagen einer Gruppe als Ziel der inneren Wanderung den Beginn des berühmten Gedichtes von Dietrich Bonhoeffer an: »Von guten Mächten wunderbar geborgen«. Eine Teilnehmerin erzählte nach ihrer inneren Wanderung von folgender Erfahrung:

Der Verbündete holt mich ab. Er verbindet mir die Augen, sodass ich mich ganz auf ihn verlassen und ihm vertrauen muss. Er führt mich zu einer Waldlichtung, nimmt mir die Augenbinde ab und ich weiß, wir sind an einem heiligen Platz angekommen. Uralte Steintore, die im Kreis stehen, zeigen sich (ähnlich wie in Stonehenge). Es ist ein sehr machtvoller Ort, der in mir große Ehrfurcht auslöst.

Der Verbündete tritt in eines der Steintore (drei Uhr wäre die Position auf einem Zifferblatt). Ich soll mich in das Tor auf fünf Uhr stellen. In der Mitte des Kreises ist ein heller Lichtstrahl, der sich langsam dreht und nacheinander je eines der Steintore beleuchtet. Als der Lichtstrahl vor seinem Tor stehen bleibt, zeigt mir der Verbündete, was ich gleich machen soll:

Er geht einen Schritt aus dem Tor heraus und stellt sich in den Lichtstrahl hinein. Er verweilt dort mit geschlossenen Augen und nimmt ganz viel von dem Geist des Lichtes in sich auf. Dann tritt er wieder in sein Tor zurück, als der Strahl weiterwandert.

Als der Strahl vor meinem Tor stehen bleibt, trete auch ich in sein Licht, das mich ganz erfüllt mit Liebe und dem Gefühl des Angenommenseins.

Dann weiß ich, dass der Strahl weiterwandert. Ich trete in mein Tor zurück – angefüllt mit tiefem Frieden und Glück und der Sehnsucht, dies wieder erleben zu dürfen. Zugleich »weiß« ich, dass dieses Licht wiederkommen wird, dass es dafür allerdings einen richtigen Zeitpunkt und einen richtigen Ort gibt, – dass ich voller Vertrauen darauf warten muss und nichts erzwingen kann mit meinem Willen und meiner Ungeduld. Dieses Licht wird wiederkommen, wenn die Zeit gekommen ist.

Annäherung an den Grund des Seins

Die nächsten drei Imaginationen erlebte eine Frau, die ihrem Selbstverständnis nach keinerlei religiöse und kirchliche Sozialisation hatte. Nach einer längeren Reihe von Wertimaginationen, deren Inhalte sich kontinuierlich verdichteten, zeigten sich zur Überraschung der Imaginandin fortlaufend spirituelle Symbole. In der ersten der nun folgenden Imaginationen zeigten sich die inneren Indianer, die Aufrechten, die Liebevollen und die Freien. Ziel war der Ort der Unverletzbarkeit:

Ich befinde mich in meiner wohlbekannten Höhle – Ausgangspunkt für ganz besonders wichtige Ereignisse. Vor mir sehe ich, wie ein Felsbrocken von einem groben Schlegel bearbeitet wird. Er wird immer spitzer, bis er nur noch wie eine große scharfe Klinge aus dem Boden ragt. Die Einschläge des Lebens haben den Felsen zu einem Objekt gemacht, das verletzen kann.[34]

Jetzt kommen meine inneren Verbündeten hinzu und mit ihnen alle Wertgestalten, auch viele, die mir noch unbekannt sind. Sie alle bilden einen Kreis um mich, fassen sich um die Schultern und neigen ihre Köpfe zur Mitte. (*Ein nicht von der Imaginandin gemachter, sondern ein von der Seele inszenierter symbolischer Schulterschluss, der das Gemeinschaftsgefühl stärkt und signalisiert, dass Wichtiges bevorsteht.*) Ich stehe genau in der Mitte wie unter einer überdimensionalen Krinoline. Ein Lichtkegel von oben hüllt mich ein.

Nun beginnen die Wertgestalten, sich langsam im Kreis um mich zu drehen. Jedes Paar hält kurz vor mir an und überreicht mir eine Kostbarkeit, die ich hüten soll. Sie schenken mir jeweils ihr höchstes Gut – die Werte und Aufgaben, die sie verkörpern.

Die Verbündeten stecken mir jeweils einen goldenen Ring links und rechts an meine Ringfinger. Die Indianer überreichen mir einen Aquamarin. Die Aufrechten schenken mir jeder einen Stein, wie sie ihn auch selbst in ihren Handflächen tragen – er einen Diamanten und sie einen Smaragd. Von den Liebevollen bekomme ich mehrere Rubine und von den Lebenskünstlern einen bunt funkelnden Kristall. Und so gibt mir jeder etwas. Auch Düfte und Klänge gehören dazu. Zuletzt legen mir die Freien eine nicht-stoffliche Substanz in meine Hände. Alles, was ich erhalten habe, verschmilzt in meiner Hand.

Wir alle wandern nun in mich hinein. Wir sehen und ich spüre meine innere Achse. Zwei Lichtkegel lassen ihr Licht in und um diese Achse fallen. Sie ist beweglich, das heißt, sie wird aus der Mitte herausgetragen, kehrt aber immer wieder in die Mitte zurück. Nur in der Mitte ist die Achse von Licht[35] gefüllt und von außen umfangen. Es fühlt sich fast an wie eine »Lebensanleitung«. Es ist nicht möglich und auch nicht so gedacht, immer statisch in seiner Mitte zu sein. Doch wenn ich mich auf die Wertgestalten ausrichte und meine Mitte suche, komme ich in Kontakt mit dem göttlichen Licht.

Die Wertgestalten führen mich nun in die Weite unter eine nachtblaue Kuppel, die keine Kuppel ist, und es ist auch nicht dunkel. Es gibt keine Sterne und auch keinen Boden. Große Arme umfangen mich wie Flügel und ich empfinde zugleich Freiheit und Geborgenheit.

Auch die zweite Imagination führte die Imaginandin zum Ort der Unverletzbarkeit:

Ich treffe meine beiden Verbündeten auf einem großen Kriegsgrab. Es sieht aus wie ein frisch gepflügtes Feld. Kreuze stehen in dichten Reihen.

Wir reichen uns die Hände und formen daraus eine Schale. Darin ist eine wasserähnliche Flüssigkeit. Zwischen unseren ausgestreckten Armen entsteht ein mächtiger, leuchtender Davidstern. Er verströmt das Gefühl von Hoffnung und Wiederkehr.

Die Verbündeten nehmen nun eine goldene Stange zur Hand, an der eine Art Wandbehang befestigt ist. Er ist aus kostbarer Seide und Brokat. Darauf sind aramäische Schriftzeichen (*Sprache zur Zeit Jesu*) zu sehen, deren Bedeutung ich nicht kenne. Sie halten die Stange zwischen sich und wandern langsam, er rechts und sie links der Kreuze, die langen Reihen entlang. Ich folge ihnen. Im Gehen gleitet der Stoff einmal über jedes Kreuz und ich bemerke, dass auf dem Feld nach und nach kleine Schlüsselblumen anfangen zu blühen.

Während dieses feierlichen Rituals wird mir bewusst, dass am Ende des Feldes Jesus am Kreuz uns erwartet. Ich versuche zu bremsen, weil ich die Größe dieses Ereignisses kaum ertragen kann. Wir stehen nun vor Jesus am Kreuz und allein die Begegnung überwältigt mich und ist unfassbar. Die Verbündeten und ich formen unsere Hände wieder zu einer Schale. Blumen wachsen aus Jesu verletzten Händen und Füßen und ich sehe, wie sein Herz schlägt. Etwas in unseren Händen beginnt ebenso zu pulsieren.

Dann weiß ich plötzlich: Ich darf ihn küssen! Während ich es tue, schreit es in mir: »Das ist zu groß!« Ich bin fassungslos und zutiefst berührt und kann meine Tränen nun nicht mehr zurückhalten. Jesus lächelt zart.

Die verbündeten Gestalten und ich knien vor ihm nieder. Unterhalb des Kreuzes entsteht ein Wasserbecken, das die Erde ringsum befeuchtet.

Ein Rosenstock wächst vor uns und trägt eine einzelne rote Rose. (*Die Rose ist ein universelles Symbol der Liebe, auch Symbol der Vollendung, des Göttlichen, ebenso ein Symbol der Passion Christi.*) Ich berühre die samtigen Blütenblätter. Noch nie habe ich so eine Zartheit und Liebe gespürt. Wir bleiben lange dort.

Das Thema der dritten Imagination fanden die Beteiligten einer Imaginationsgruppe zunächst seltsam: »Wie sieht meine nächste Reifungsstufe aus?« Die Ergebnisse rechtfertigten jedoch den Vorschlag. So war auch die innere Antwort einer Imaginandin sehr beeindruckend:

Da ich mir nicht ausdenken kann, wie meine nächste Reifungsstufe aussieht, lasse ich mich von den Verbündeten führen. Ich gelange in eine karge, mittelöstliche Landschaft. Nur ein uralter Olivenbaum spendet Schatten. Von dort aus fällt der Blick auf eine leicht abfallende Landschaft. Bei näherem Hinsehen ist es ein ausgetrockneter See. Auch er ist uralt, keiner weiß, wann je Wasser dort gewesen ist (*Symbol für einen »vertrockneten« seelischen Bereich*).

Meine beiden Verbündeten stehen unter dem Olivenbaum. Die weibliche Verbündete versprüht pure Lebensenergie und ihr Gesicht scheint wie eine Sonne. Ich bekomme Herzklopfen. Der Verbündete ist noch weiter gereift – ein gütiger Herr. Wir haben eine tiefe geistige Verbindung. Und auch in seiner Gegenwart bekomme ich Herzklopfen. Sie tragen Hochzeitsgewänder und haben ganz offenbar nur auf mich gewartet. Ich stehe jetzt zwischen ihnen – sie rechts, er links von mir.

Ich soll mich setzen, und in dem Moment spüre ich alles ganz differenziert, fühle mich zugleich aus der Zeit herausgehoben. Ich fühle jeden einzelnen Stein, auf dem ich sitze, und alles um mich herum sehe ich in eindringlicher Klarheit. Ich erlebe, wie das Wetter wechselt, Regen zu Sturm wird, der um mich peitscht und sich mit Dürre, Hitze und bitterer Kälte abwechselt. Verschiedene Jahreszeiten ziehen an mir vorbei. Ich soll warten!

Als ich wieder aufstehen darf, erscheinen Animus und Anima.[36] Sie sind nackt und stellen sich hinter die Verbündeten. Er hinter die Verbündete, sie hinter den Verbündeten. Die vier Gestalten halten eine blumengeschmückte Girlande in Form eines Kreuzes über mich. Ich trage einen Schleier (*Symbol für das Zusammenkommen von Weiblichem und Männlichem*).

Während wir dort stehen, ergießt sich ein gewaltiger Wolkenbruch über das Land. Der ausgetrocknete See füllt sich. Außerdem spüre ich ganz deutlich, wie sich Fußfesseln (*manchmal auftretendes Symbol für innere Widerstände*), die mir vorher nicht bewusst waren, von mir lösen und ein Gefühl von Unabhängigkeit und Eigenständigkeit in mir wächst.

Allein gehe ich in den See und durchmesse ihn mit kraftvollen Schwimmbewegungen. Ich nehme den See (der Gefühle) gewissermaßen in Besitz und spüre meinen Körper und meine Kraft und Freiheit ganz neu. In der Mitte des Sees tauche ich und finde dort ein Kästchen.

Ein Regenbogen (*Symbol des Friedens*) erscheint über dem See. Er reicht vom Ufer, wo der Olivenbaum steht, bis zum gegenüberliegenden Ufer. Allein gehe ich bis zu seinem höchsten Punkt. Ein tiefe Stimme sagt: »Nimm dein Kästchen!« In dem Kästchen liegt ein goldener Schlüssel. Es ist der Schlüssel zu den Herzen. Ich bin tief bewegt.

Als ich aufblicke, sehe ich vor mir den Himmelsthron, aus dem es lila und weiße Strahlen regnet. Sie berühren mich und machen mich ganz weich, annehmend und gebend und der Schlüssel glüht. Ich erfahre eine tiefe Gewissheit. Der Strahlenregen ist immer da! »Ich muss den Kontakt halten!« Wenn ich die Bereitschaft habe, bin ich eine Empfangende.

Zum Urvertrauen

Der Begriff Urvertrauen begegnete mir zum ersten Mal in einem Buch des Psychoanalytikers Erik H. Erikson.[37] Ich fand ihn interessant, aber er berührte mich wenig. Das hat sich durch die wertimaginative Arbeit geändert. Urvertrauen – was ist das? Nach meiner Auffassung ist es das im unbewussten Geist verankerte grundlegende Gefühl, unter allen Umständen sein zu dürfen und sein zu können, komme, was da wolle. Ein Gefühl, von dem wir annehmen, dass Kinder es empfinden, wenn sie auf dem Arm von Mutter oder Vater an deren Schulter angelehnt sich fallen lassen.

Wie sich in den nächsten zwei Wertimaginationen zeigt, ist es möglich, diesen beglückenden Ort in sich selbst zu finden. Ich hatte angeregt, sich von den beiden inneren Verbündeten führen zu lassen. Zwei Beispiele möchte ich Ihnen vorstellen. Das erste Beispiel beschrieb eine Frau:

Beide Gestalten kommen von der Mitte her auf mich zu. Sie strahlen Ruhe, Gelassenheit, Sicherheit und eine gewisse Heiterkeit und Leichtigkeit aus. Ihre Augen strahlen und freuen sich, dass sie mich sehen. Ich kann mich ihnen ohne Vorbehalte anvertrauen.

Meine Verbündete geht voraus, dann ich, er hinter mir. Sie führen mich über einen Strand auf das Meer zu, gehen mit mir ins Meer. Es geht immer abwärts. Wir landen auf dem Meeresgrund, sie gehen mit mir durch den Meeresboden, er wirbelt auf, dann kommt Gestein, auch durch das führen sie mich hindurch nach unten. Schließlich landen wir in einer dunklen Höhle. Wir gehen hindurch und folgen einem dunklen engen Gang weiter nach unten. Nun kommen wir in einen hellen großen Raum. Der Boden scheint wie aus Glas zu sein, ist es aber nicht, oder wie eine Eisfläche, ist es aber nicht. Ganz hell, leuchtend, wie der ganze Raum.

Meine Verbündete tanzt auf diesem Boden, wie Eiskunstlauf, trägt aber keine Schlittschuhe. Sie lädt mich ein mitzutanzen. Ich spüre die Leichtigkeit und Beweglichkeit meines Körpers und die Harmonie in unserem Miteinander. Freude und Freiheit sind zu spüren.

Dann gleitet sie mit mir zur Mitte des Raumes, nimmt mich bei beiden Händen. Unter uns öffnet sich eine Röhre. Wir fallen nach unten und landen in einem dunklen Raum. Auch hier ist der Boden nicht zu definieren. Mir scheint, als gingen wir durch knöcheltiefes, dunkles Wasser, aber es ist kein Wasser. Ich spüre auch keinen festen Boden unter mir und doch gehen wir und werden getragen. Zuerst spüre ich Angst und bin etwas gebremst, als wir in diesem Raum sind. Ich kann nichts sehen und zuerst auch nicht fühlen, was in diesem Wasser ist und wie tief es ist. Die Verbündete ermutigt mich, ihr ohne Zaudern zu folgen. Da merke ich, dass es doch verhältnismäßig leicht ist, im Vertrauen durch die Dunkelheit und das Unbekannte zu gehen, obwohl Widerstand an den Beinen zu spüren ist. Sie ist ja vor mir, er hinter mir, das gibt mir Sicherheit.

Nun führen sie mich aus dem dunklen Raum vor eine tiefe Schlucht. Beide stellen sich recht und links von mir auf und geben mir die Anweisung: »Lass dich fallen.« Mit zagendem Herzen schaue ich in die Tiefe. Unter mir Dunkelheit. Dann lasse ich mich fallen. Beide warten oben und schauen mir nach. Ich falle, falle, falle!

Dann zeigt sich unter mir jenes bekannte Netz. Ich komme zum Halt. Doch ich berühre dieses Netz nicht. Zwischen Netz und mir ist ein unsichtbar gefüllter Zwischenraum, der mich zum Halten gebracht hat. Ich kann die Substanz des Zwischenraumes nicht beschreiben, ich spüre nur, dass er trägt. In diesem Zwischenraum, auf diesem Netz, leuchtet ganz zart ein Lichtkreuz auf.

Langsam werden Menschen aller Nationen um mich sichtbar. Auch alle meine inneren Gestalten sind da. Die Erdkugel, Gestirne aller Art, Pflanzen und Tiere sind in diesem Raum über dem Netz. Alles wird getragen von einer großen Leichtigkeit und von dem Netz unter uns. Ich schaue, ob das Netz irgendwo eine Begrenzung hat. Ich finde keine.

Nun nehmen sich meine inneren Gestalten und die Menschen aller Nationen an der Hand und bilden einen Kreis. Beim Anfassen unserer Hände strömt warme Energie durch unsere Hände zu unseren Herzen. Sie beginnt in jedem zu leuchten! In der Mitte liegt die Erdkugel mit allen Pflanzen und Tieren. Unsre Herzenswärme fließt zur Erde hin, als wären wir alle miteinander beauftragt, sie zu lieben, zu schützen und zu bewahren. Die Energie strömt lange zur Erde hin. Da entfaltet sich aus ihr langsam eine weiße, zarte Lilie. Ich habe das Gefühl, segnende Hände sind über allem und ein Regenbogen zeigt sich vorsichtig im Hintergrund.

Tief bewegt staune ich über das Netz, das nicht berührt werden konnte und musste und doch alles trägt. Ich habe das Gefühl, es kann mir nichts geschehen, was immer geschieht. Ich werde von diesem Netz aufgefangen. Alles wird von diesem Netz aufgefangen!

Und: Im Miteinander der Menschheit beginnt die Erde zart zu blühen – gesegnet von einer Hand, die über allem ist!

Das zweite Beispiel erzählte ein Mann:

Ich bin auf einer lichten Sommerwiese am Rande eines hellen Laubwaldes. Eine heitere, gelöste Stimmung umgibt mich. Meine Verbündeten kommen fröhlich auf mich zu. Wir spielen das

Vertrauensspiel: Ich lasse mich mit geschlossenen Augen nach vorne oder hinten fallen und meine Verbündeten fangen mich auf, sodass ich nicht stürze. Immer tiefere Vertrauensstürze – doch immer werde ich aufgefangen. Ich spüre die starken, vertrauensvollen Arme des Verbündeten, die mich fangen, ebenso den weichen Schoß meiner Verbündeten, in dem ich lande. Ich falle immer tiefer, schließlich wie von selbst – ohne Angst – durch einen dunklen Schacht in die Tiefe der Erde. In einem halbdunklen Gewölbe, einer romanischen Krypta (*griechisch: das Verborgene*) ähnlich, werde ich von den Verbündeten aufgefangen.

Ich gehe im Raum umher. An den Wänden sind Nischen mit Sarkophagen und aufgerichtete Reliefgrabplatten, beleuchtet von einem nicht sehr hellen, gelben und warmen Licht. Würdige dort abgebildete Gestalten schauen mich fragend an. Ich habe aber keine Angst. Ich höre beruhigende, singende Töne, die in einem wunderbaren Klangteppich den Raum füllen. Es ist ein Rausch der Töne und erinnert an den Film »Wie im Himmel«. In der Mitte des Raumes sehe ich jetzt einen Brunnen, bis zum Rand mit hellem, weißen Licht gefüllt. Wie Wasser plätschert dieses Licht im Brunnen. Ich schaue hinein, erkenne keine Konturen mehr, sondern nur strahlendes, helles, weißes Licht.

Mein Verbündeter lädt mich in vertrauensvollem Ton ein, mich in den Brunnen fallen zu lassen. Ein wenig ist mir bange, weil meine Verbündeten zurückbleiben und mich offenbar dann nicht mehr auffangen werden. Trotzdem lasse ich mich ins Licht hineinfallen und spüre augenblicklich, wie sich alle Konturen auflösen und ich als eigene Gestalt verschwinde. Ich bin das fließende Licht und strömende Energie überall dort, wo ich gerade mit meiner Aufmerksamkeit bin. Ich bin da wie ein leuchtendes Rinnsal oder ein breiter Strom, gespeist vom größeren Licht.

Ich bin ganz wach und präsent in den fließenden Lichtströmen, die sich wie Grundwasser und Quellflüsse überall unter der Erde verbreiten und immer wieder versuchen, als lebendige Energie durch die dunkle, kalte Erdkruste nach oben zu dringen. Ich spüre mich, wie ich als fließende Energie in allem Leben hochzusteigen versuche – in Bäumen, Blumen, Tieren und Menschen. Ich bin glücklich, wenn es gelingt, bei einigen Menschen aus deren Augen nach außen zu strömen. Die Augen leuchten und strahlen Liebe und Vertrauen aus. Sie lassen Begegnungen gelingen.

Sterben und Tod

Wer an das Leben denkt und nicht auch an den Tod, wer an den Tod denkt und nicht auch an das Leben, kennt beide nicht und kommt mit beiden nicht zurecht. Deshalb ist es wichtig, so weit wie möglich sich aufs Leben einzulassen und die Gedanken an den Tod zuzulassen. Deshalb gehören jene Wertimaginationen zu den besonders kostbaren, die Sterben und Tod als Teil des Lebens anerkennen und darauf vorbereiten. So werde ich jene Frau nicht vergessen, die wenige Tage vor ihrem Tod von ihren inneren Indianern in ein kleines Haus auf einem hohen Berg gebracht wurde. Und da sagte sie, die sich ihrer Situation ganz bewusst war, lächelnd und in tiefem Frieden: »Hier möchte ich ewig bleiben.«

Die folgenden drei Wertimaginationen erlebte eine ältere Frau. In der ersten wird sie auf den zwar noch fernen, doch Angst machenden Tod aufmerksam gemacht. In der zweiten rückt der Tod näher, denn sie wirkt müde und alt. Zugleich aber wird ihr gesagt, sie brauche keine Angst zu haben. In der dritten schließlich betritt sie »heiligen Boden«, sieht in der Ferne das »Gelobte Land« und hat die Angst vor dem Tod überwunden. Die Trilogie dieser Wertimaginationen hinterließ in ihr einen friedvollen und hoffnungsstarken Eindruck.

Zur Quelle des Atems

Ich befinde mich in einer Wüste (*in diesem Zusammenhang Symbol für verborgene Lebendigkeit*). Zu meinem Erstaunen sehe ich, wie zu meinen Füßen eine Quelle entspringt, und im

Rhythmus meines Atems breitet sich das Wasser wellenartig immer weiter aus. Bald entsteht Leben; erstes Grün zeigt sich und breitet sich ebenso immer weiter aus. Dann wachsen Bäume, Palmen, Dattelpalmen.

In der Ferne sehe ich eine Karawane näher kommen. Da entschließe ich mich, in die Quelle zu tauchen. Es geht tiefer und tiefer, einem Licht entgegen, das langsam heller wird. Ich tauche noch weiter in die Tiefe und komme schließlich in einem Höhlenlabyrinth an.

Auch hier leitet mich das Licht, aber ich lande nicht wie erwartet in einem unterirdischen Saal, sondern im Freien auf einer grünen Ebene. Ich bin bewegt: Über mir wölbt sich ein prachtvoller Sternenhimmel, wie ich ihn nie zuvor gesehen habe. Die einzelnen Sterne sind groß und geben ein anhaltendes Sirren von sich wie Zikadengesang, auch dies im Rhythmus des Atems. Das ganze Universum scheint zu atmen und ich gehe immer weiter durch diese atmende Welt, immer meinem Licht nach, das jetzt in Form eines hellen Sterns vor mir hergeht, wie der Stern von Betlehem.

Das Licht führt mich durch Wälder, Dörfer und Felder, bis ich an den Rand einer Hochebene komme und tief unter mir das Meer erblicke. Auch die Meereswellen kommen und gehen im Atemrhythmus.

Unten am Strand liegt ein winziges Ruderboot und ich weiß, dass es für mich bestimmt ist. Ich steige ein und rudere im Atemrhythmus. Unterwegs steuere ich eine Insel an. Dort gibt es eine Kapelle und einen Friedhof mit Gräbern, die die Namen meiner verstorbenen Lieben tragen. Ich verweile und stärke mich für den letzten Teil meiner Reise. Schließlich sehe ich in der Ferne das »andere Ufer«.

Beim Näherkommen erkenne ich dort »meinen« Engel und »meine« Toten, die mir zuwinken und bedeuten, ich solle zu ihnen kommen. Da erblicke ich einen tiefen schrecklichen

Schlund, in dem das Meer (*Symbol für die Gesamtheit der Gefühlskräfte*) verschwindet wie in einem riesigen Wasserfall. Ich entschließe mich, (noch) nicht weiterzureisen.

Zur tief liegenden Geborgenheit

Da mir der Einstieg nicht direkt gelingt, rufe ich meinen Verbündeten zu Hilfe. Er kommt sofort und nimmt mich liebevoll an die Hand. Über eine Rampe geht es abwärts in die Tiefe, ich habe das Gefühl, im Inneren eines Berges zu sein. Schließlich sind wir auf der Talsohle angelangt, und mein Verbündeter führt mich in einen hell erleuchteten Saal.

Frohe Musik dringt uns entgegen, ich glaube, es ist J.S. Bach, eins der Brandenburgischen Konzerte. Viele Menschen sind dort, es wird ein Fest gefeiert, eine Hochzeit. Offenbar hat man mich erwartet; mein Verbündeter führt mich zu dem mir bestimmten Platz. Die Festtafel ist üppig gedeckt, bekränzte Kinder tanzen, unter ihnen entdecke ich auch meine Enkel. Meine Kinder und mein verstorbener Mann sind ebenfalls anwesend.

Dann führt mich mein Verbündeter weiter, und wir befinden uns bald im Keller unseres früheren Häuschens. Hier hatten meine Familie und ich während der Kriegsjahre gewohnt. Der Keller besteht aus einem winzigen, aus dem Fels gehauenen Raum. Über eine Treppenleiter und eine Falltüre gelangen mein Begleiter und ich ins ebenfalls winzige Wohnzimmer. Dort brennt ein kräftiges Kaminfeuer und daneben sitzen Seite an Seite meine Eltern. Ich bin plötzlich wieder Kind, klettere meinem Vater auf den Schoß und ergreife die Hand meiner Mutter. So sitzen wir lange Zeit, bis der Verbündete wieder zum Aufbruch mahnt.

Nun gelangen wir in einen runden steinernen Raum – eine Krypta. In der Mitte steht ein Altar, von dem eine blendende Helle ausgeht, sodass nichts Genaues zu erkennen ist. Außen am

Rand befindet sich ein Kreis von Engeln, deren Flügel matt leuchten. Ein innerer Kreis wird von Kerzen gebildet. Die Engel singen das Taizé-Lied: »Bei Gott bin ich geborgen, still wie ein Kind, bei ihm ist Trost und Heil«. Vor dem Altar steht ein Stuhl. Der Verbündete hat sich nun in einen Engel verwandelt – ich selbst mich in eine sehr alte, müde Frau.

Nun tritt ein nicht genau erkennbares Lichtwesen vom Altar hinter mich und legt mir die Hände auf die Schultern. Eine Welle von Wärme und Energie durchströmt mich. »Hab keine Angst, du bist angekommen«, spricht das Lichtwesen.

Zum tiefen inneren Frieden

Ich gehe eine Wendeltreppe hinab, immer tiefer und tiefer. Endlich wird es hell in der tiefen Dunkelheit der Treppe. Ich bin wieder im Freien und sehe auch gleich meinen inneren Verbündeten, den Beduinen. (*Bei einigen wenigen Imaginanden zeigen sich die Verbündeten als Beduinen.*) »Wir haben eine lange Wanderung vor uns«, sagt er und zeigt mir seinen gebogenen Hirtenstab. So wandern wir lange Zeit über Felder, Berge und durch Wälder, bis wir ans Meer gelangen. Da erscheint der Regenbogen von gestern, und wie über eine Brücke gelangen wir darüber ans jenseitige Ufer, nach Afrika.

Wir sind in der Wüste, und in der Ferne sehen wir eine Rauchsäule. Sie kommt von einem Lagerfeuer, um das die Stammesgenossen meines Begleiters sitzen. Eine schöne junge Frau erhebt sich und kommt uns entgegen – es ist die Tochter meines Begleiters, aber gleichzeitig meine innere Verbündete. Dies ist meine erste Begegnung mit ihr und sie umarmt uns freudig und geleitet uns zu unseren Plätzen am Feuer. Sie ist wirklich wunderschön, trägt goldene Ringe an Armen und Beinen, bunte leichte Schuhe und nach orientalischer Sitte ein Tuch um Mund und Nase. Ihre dunklen Augen leuchten warm über dem Tuch und unter ihren üppigen schwarzen Haaren. Ihr Vater dagegen trägt nur ein schlichtes, langes weißes Gewand und einen ebensolchen Turban.

Die Menschen am Feuer singen und tanzen, eine reichliche Mahlzeit wird aufgetragen und über allem wölbt sich die tiefblaue Himmelskuppel mit unendlich vielen Sternen. Ein Zelt ist ebenfalls für mich vorbereitet.

Ich fühle mich ganz zu Hause bei diesen einfachen Menschen, es sind Nomaden mit ihren Herden, und ich empfinde tiefen Frieden in ihrer Mitte. Mein Beduine besitzt Kamele, Schafe und Ziegen, und am nächsten Morgen brechen wir zu dritt auf Kamelen auf, um seine Herde zu suchen. Plötzlich gibt meine innere Verbündete uns ein Zeichen abzusteigen. Sie weist auf eine Stelle im Sand und ihr Vater reicht mir seinen Hirtenstab und weist mich an, damit ein Loch in den Sand zu bohren. Ich gehorche – und siehe da, in Anlehnung an die Imagination vom Vortag sehen wir, wie das Wasser in größer werdenden Ringen sich immer weiter ausbreitet und das Land grün wird und Bäume wachsen. Ich denke, dass auch mein verstorbener Mann das sehen sollte, und schon kommt er herbei. Arm in Arm beobachten wir voller Freude die Ausbreitung des Lebens in der Wüste. Schließlich kehren meine Begleiter und ich ins Lager zurück – mein Mann entfernt sich wieder.

Am nächsten Morgen erklärt mein Beduine, dass wir nun auf einen Berg steigen würden. Wir reiten wieder auf unseren Kamelen bis zum Fuß des Berges – dort lassen wir unsere Tiere zurück. Ehe wir den Berg besteigen können, müssen wir durch eine enge, finstere, unheimliche Schlucht. Mir fällt Psalm 23 ein: »Und ob ich schon wanderte im finsteren Tal, fürchte ich kein Unglück, denn du bist bei mir, dein Stecken und Stab trösten mich.« (Auch mein Begleiter hat ja einen solchen Hirtenstab.) Mühsam erklettern wir den Berg in der Glut der Mittagshitze. Als wir fast den Gipfel erreicht haben, sagt meine innere Verbündete: »Zieh deine Schuhe aus, denn dies ist heiliger Boden. Und geh allein zum Gipfel, wir bleiben hier und warten auf dich.«

Ich gehorche und lege den letzten Teil des Weges allein zurück. Als ich oben angekommen bin, stockt mir fast der Atem. In der hellen Sonne sehe ich weit, weit übers Land – es ist mir, als läge die ganze Welt zu meinen Füßen. Gleichzeitig habe ich das Gefühl, hier der Gottheit ganz, ganz nahe zu sein. Ich stelle mich in die Mitte des Gipfelplateaus und breite meine Arme weit aus, um Gottes Segen zu empfangen.

Zum Ursprung der Bilder

In einer Gruppe, in der ich seit Jahren wertimaginativ experimentiere (zum Beispiel neue Ziele und neue Wertgestalten einführe), wagte ich, die TeilnehmerInnen zum Ursprung der inneren Bilder wandern zu lassen. Ich selbst hatte mir keinerlei Vorstellungen von diesem Ursprung gemacht. Umso verblüffter war ich über die Imagination einer Teilnehmerin:

Eine große Anzahl von Menschen bildet mit mir in der Unendlichkeit des Universums einen Kreis goldener Punkte. Für jeden von uns führt ein eigenes goldenes Band zum Zentrum. Ein lockeres, großmaschiges Netzwerk entsteht. Darunter liegen Schichten derselben Machart, die ein Auffangsystem ergeben, das uns vor einem gefährlichen Absturz ins Nichts bewahrt. Zum Mittelpunkt hin verdichtet sich das Netz zu einem goldenen Vlies – von sanftem Wind bewegt – und endet in einem Knoten.

Eine weiße Hand zupft einen Faden aus dem Knoten heraus und hebt damit Lage um Lage der zarten Gaze – für einen Menschen unzählbar –, bis ein goldenes Korn enthüllt wird. Endlos aufgereiht zeigen sich nun – alle sind wohl genährt – Neugeborene. Ein jedes bekommt von der weißen Hand ein Korn in seine Mitte gelegt.

Auch ich stehe dort, wie in Erwartung des Abendmahls, und bekomme ein Goldkorn in die Schote meiner Hände gelegt, damit ich erkennen möge. Dann beginnen Bilder hervorzusprießen – einem grenzenlos wogenden Kornfeld gleich. Auf einem schmalen Streifen der linken Feldseite steigen aus schwarzen Ähren zerstörerische Bilder auf, die aber, gemessen an der fruchtbaren und vitalen Fülle der anderen, keine dominante Bedeutung haben.

Tief bewegt von diesem unerschöpflichen Reichtum frage ich den, der mir das Korn gab, wie die Bilder in das Korn hineingekommen sind. Die Stimme antwortet: »Ich bin! Ich bin unverlierbar. Ich bin! Ich bin immerdar. Ich bin! Ich bin! Ich bin!« Das »Ich bin« wird zum Glockenklang, dessen Schwingungen in mich eindringen, von meinem ganzen Körper, meiner Seele Besitz ergreifen, mich vibrieren lassen und mich im Einswerden damit zu Tränen der Freude erschüttern, die das ganze All mit Energie füllen und das endlose Nichts geradezu stofflich werden lassen. »Ich bin! Ich bin Geist! Ich bin das Göttliche!« Die Stimme ruft mich zu sich in die Mitte, weist zurück auf uns wandernde Menschen mit dem göttlichen Korn: »Alles, was ihr seid, alles, was ihr seht, sind Abbilder von mir.«

»Wozu brauchst du uns?«, frage ich. »Damit meine Bilder zu lebendigem, sichtbarem Leben werden!« »Was ist, wenn ich sterbe?«, frage ich weiter. »Schaue.« Ich erkenne: Es ist wie beim Weben: Das durch uns entstehende weitmaschige Netzwerk wird nach unserem Leben zum Mittelpunkt hingeschoben – verdichtet sich zu dem goldenen Vlies. Auch ich werde nach meinem Tod goldenes Vlies sein, auf dem mir Nachfolgende wandeln und sicheren Halt finden können. Nichts geht verloren!

Wieder ertönt die Stimme: »Ich bin! Ich bin immerdar. Ich bin! Ich bin unverlierbar. Ich bin! Ich bin! Ich bin!«

»Die tiefe Ergriffenheit, die diese Imagination auslöste«, sagte die Imaginandin, »ist nicht vermittelbar. Vielleicht so viel: Noch etliche Tage füllten mich die starken Schwingungen des Erlebten körperlich-seelisch derart aus, dass keine weiteren Bilder in mir Raum fanden. Aus größerer zeitlicher Distanz heraus verdichtet sich in mir das Gefühl einer klaren Ordnung und Ruhe im Blick auf meinen Lebenszusammenhang und den Tod.«

Die Welt, in der wir leben, ist unsere Welt

In einem Ausbildungsseminar war von der Beziehung zwischen dem Menschen und seiner Welt die Rede. Ich hatte einen Abschnitt aus einem Buch gelesen: »Die Welt, in der wir leben, ist unsere Welt. Die Zeit, in der wir leben, ist unsere Zeit. Das Leben, das wir in dieser Welt und dieser Zeit leben, ist unser Leben. Diese unsere Welt in dieser unserer Zeit ist beides: unsere Gefährdung und unsere Möglichkeit, zugleich unsere Aufgabe. Diese Aufgabe können wir annehmen, wir können sie ablehnen. Doch wenn wir sie ablehnen, verlieren wir alles, was wir haben.«[38]

Im Anschluss an diese kleine Lesung imaginierten wir den Satz: Die Welt, in der wir leben, ist unsere Welt. Die folgende Wertimagination stellte mir eine Seminarteilnehmerin zur Verfügung:

Ich stehe nachts unter freiem Himmel und sehe Mond, Sterne und ein hohes Gerüst, über das ein Seil gespannt ist, auf dem meine beiden Lebenskünstler Kunststücke vollführen.

Ich beobachte sie eine ganze Weile, dann werden sie auf mich aufmerksam und laden mich ein, zu ihnen aufs Seil zu kommen. Ich steige hinauf und sie nehmen mich zwischen sich. Dann gehen wir aufs Seil. Ich bin überrascht, dass ich es wage – und dass das Seil mich trägt! Wir gehen in die Mitte des Seils.

Unter uns ist die Weltkugel zu erkennen. Ich sehe nacheinander Bilder aus verschiedenen Erdteilen: Afrika, eine Savanne mit vielen Tieren; Eskimofamilien in ihren Iglus; Australien und Koalabären, die sich auf Eukalyptusbäumen tummeln … Alle Bilder wirken sehr friedlich und idyllisch. Die Lebenskünstler und ich schauen uns das alles gemeinsam an und staunen und freuen uns.

Nach einer Weile ändern sich die Bilder. Die Erdteile bleiben, doch sehe ich jetzt Bilder von verschiedenen Kriegsgebieten, Hungersnöten, Kindersoldaten, Streik ... Es sind leidvolle, traurige Bilder. Beim Anschauen steigt eine große Traurigkeit in mir auf.

Nach einiger Zeit führen mich meine beiden Lebenskünstler zum Ende des Seils. Wir steigen die Leiter weit hinunter bis zu einer Plattform. Von dort aus können wir unter die Erdkugel sehen. Ich sehe zwei große geöffnete Hände, in deren Mitte Wundmale erkennbar werden. Die Hände halten und umschließen die Erdkugel. Dann fließt aus den Händen pulsierend ein goldener Strom. Das Goldene verteilt sich über ein feines Netzwerk in der ganzen Erdkugel und durchströmt sie.

Staunen, Friede und Gelassenheit erfüllen mich tief. Ich nehme mir lange Zeit, das, was ich sehe, tief in mich aufzunehmen.

Schlussfolgerungen:

Die Bedeutung spiritueller Wertimaginationen für die Realität

Was sehen wir in Wertimaginationen?

Die spirituellen Wertimaginationen beglücken und überwältigen den Imaginanden. Sie lösen die tief liegende Freude in ihm aus, sie können ihn auch erschüttern. Er erlebt die inneren Bilder als ein *numen tremendum et faszinosum* (Rudolf Otto), als eine Zittern und Faszination auslösende göttliche Macht. Es kann auch sein, dass ihn eine große Zartheit und Behutsamkeit umfängt, ein Zusammenspiel bester mütterlicher und väterlicher Gefühlskräfte.

Wann immer der Imaginand spirituellen Bildern begegnet, fordern sie ihn zum ungläubigen Staunen heraus. Was geschieht da mit ihm? Wie kann es kommen, dass er sich innerhalb kurzer Zeit in einer ganz anderen Welt vorfindet? Was überwältigt ihn? Vor allem: Was sieht er? Was sieht er denn *tatsächlich*? Mir scheint, dass von der Beantwortung dieser Frage abhängt, mit welcher Offenheit wir den spirituellen Bildern begegnen und welche Schlüsse wir aus ihnen ziehen.

Bei dem Versuch einer Antwort werde ich mich so wenig wie möglich von theologischem oder psychologischem »Wissen« leiten lassen und so weit wie möglich nur das nachzeichnen, was die ImaginandInnen aus ihren Erfahrungen geäußert haben. Denn – das ist gewiss deutlich geworden: Das Spirituelle, mit dem wir es in Wertimaginationen zu tun haben, ist nicht der Gott der Theologen oder Philosophen. Der Gott der Wertimaginationen lässt sich von traditionellen Denkbahnen nicht einfangen. Wir begegnen ihm »im spiegelnden Licht zwischen Zeit und Ewigkeit« (Zink). Das Göttliche, das sich in Wertimaginationen zeigt, ist vielmehr unmittelbarer Ausdruck des unbewussten Geistes. Doch dieser Geist – davon war schon die Rede – stellt keine nur für sich bestehende immanente Wirklichkeit dar, denn er ist untrennbar mit der nicht erfassbaren Transzendenz verbunden.

Also: Was *sehen* Imaginanden, wenn sie spirituellen Symbolen begegnen? Sehen sie Gott oder das Göttliche selbst? Sehen sie Christus selbst, die Engel oder andere »himmlische Dinge« selbst?

Wer sich in einer Imagination befindet, stellt diese Frage nicht. Er *erlebt*, was er sieht – dreidimensional, plastisch, unmittelbar. Wären sonst die starken Reaktionen auf die Bilder auch nur denkbar? Der Imaginand findet kaum Worte für das, was er sieht und was er erlebt. Er begegnet einer anderen als der ihm bewussten und bekannten Wirklichkeit, die ihm keineswegs weniger wirklich ist als die, der er sonst diesen Begriff zuordnet. Mit anderen Worten: Der Imaginand ist von den spirituellen Symbolen emotional so tief erfüllt, dass für ihn in aller Regel die Frage danach, was er »tatsächlich« gesehen hat, weder in noch nach der Wertimagination von Bedeutung ist. Geist, Seele und Leib – auch der Leib! – sind von der Ausstrahlung der spirituellen Gestalten in einem solchen Maße durchdrungen und überwältigt, dass der Verstand mit seinen Fragen nicht zu Worte kommt. Was zählt, ist die Erfahrung, und die Erfahrung öffnet den Blick für tiefere und weitere Dimensionen des Lebens.

Nun werden manche Leser einwenden, »das Ganze« – also die spirituellen Bilder – sei zwar nicht uninteressant, die Vermutung liege jedoch nahe, dass sie Produkte der Einbildungskraft seien. Ich kann einem solchen Einwand nichts entgegensetzen. Deshalb werde ich auch nicht versuchen, über die Charakteristika der *eingebildeten* und die Andersartigkeit der *ausgebildeten* Bilder zu referieren. Allerdings – weil selbst entschieden »nichtreligiöse« Imaginanden spirituelle Symbole sehen, stellt sich die Frage, warum sich gerade diese Menschen Symbole einbilden sollten, die sie doch partout nicht sehen wollen.

Andere Leser wiederum werden einwenden, die im wissenschaftlichen Vormarsch befindliche Neurobiologie werde zu gegebener Zeit schon die Ursachen spiritueller Bilder von ihren natürlichen Voraussetzungen her beschreiben können. Auch ihnen könnte ich nichts entgegensetzen. Ich könnte mich bestenfalls auf den Philosophen Karl Popper und den Gehirnbiologen und Nobelpreisträger für Physiologie und Medizin John Eccles berufen. Beide sind der Auffassung, das Geheimnis des Geistes umfasse weit mehr, als uns die Neurowissenschaften erklären könnten. Beide hegen zudem gravierende Zweifel daran, dass der Zusammenhang von Geist und Körper jemals aufgehellt werde, und nennen unser Wissen über diesen Zusammenhang »Vermutungswissen«.[39]

Das jedenfalls hat sich aus den Erfahrungen mit Wertimaginationen, in denen Klienten den »unbewussten Gott« suchen, gezeigt: dass er nicht billig zu finden ist und sich erst dann Zugänge zur Spiritualität öffnen, wenn die ImaginandInnen die gröbsten inneren Blockaden gegen ein gelingendes Leben abzubauen begonnen haben, also etwa Verletzungen früherer Zeiten, Ängste, destruktive Aggressionen, Unwahrhaftigkeiten, Eitelkeiten etc.

Wie sehe ich selbst diese Bilder? Sie berühren mich stark, sie machen mich immer wieder sprachlos. Ich gewöhne mich nicht an sie. Denn was sie in mir auslösen, ist so ganz anders als das, was ich in der bewussten Begegnung mit mir selbst oder anderen inneren Bildern erlebe. Nichts von dem, was zur äußeren Welt gehört, löst in mir aus, was diese spirituellen Symbole in mir auslösen. Und da sie mich nicht nur berühren, sondern auch zutiefst bewegen, stelle ich doch die Frage nach ihrer Herkunft. Aber ich stelle sie nicht mehr so, wie ich Fragen stelle, wenn ich etwas Wichtiges wissen will: bohrend, zielorientiert, nicht nachlassend bis ich Klarheit habe. Nein, dieses Fragen ist ein anderes. Es geht von der nicht erdachten Voraussetzung aus, dass es keine eindeutige Antwort auf die Frage nach ihrer Herkunft gibt. Dieses Fragen ist ein staunendes Umkreisen der inneren Bilder, das von der Hoffnung genährt ist, dem ein wenig näher zu kommen, was sie ausstrahlen. Dieses staunende Fragen braucht keine eindeutige Antwort. Denn die Fragen werden überholt vom Staunen selbst.

Es geschieht noch mehr: Mir scheint, als setze in der Begegnung mit diesen Bildern ein *Gottesleuchten* ein, das den Wanderer der inneren Welt erfülle. Mir kommt dazu ein vergleichendes Bild aus der äußeren Welt: Wenn ich in den Nachthimmel blicke und einen Stern »sehe«, dann sehe ich ihn und sehe ihn doch nicht. Ich sehe seine Strahlen, den Stern selbst aber sehe ich nicht. Doch sind es die Strahlen, die die Herzen höherschlagen lassen. Die Strahlen? Sie kommen mir vor wie Spuren der Transzendenz. Das bedeutet? Gott zeigt sich in der Seele, aber er geht in ihr nicht auf.

Gott zeigt sich in der Seele ... Heißt das etwa, dass durch Wertimaginationen der Glaube verfügbar sei? Selbstverständlich nicht. Doch ist es ein Unterschied, ob ich unter den Sternenhimmel trete und meinen Blick den Sternen zuwende oder mich einer solchen Möglichkeit entziehe.

Niemand, der längere Zeit Wertimaginationen erfahren hat, zweifelt daran, dass eine Selbsterfahrung, die die innere Welt einbezieht, zur Gotteserfahrung führen kann. Denn Menschen macht ja menschlich, dass sie über sich selbst hinaus fragen können. Unser dinglicher Horizont ist zwar begrenzt, unser geistiger jedoch nicht. Unser äußeres Auge sieht nur bis an die nächste Mauer, unser inneres schaut sogar hinter die Sterne – jedenfalls seinen Möglichkeiten nach.

Auf die Frage, wo Gott sei, antwortete Jörg Zink einmal, er sei nicht im Unsichtbaren allein und nicht im Sichtbaren allein. Er sei uns am nächsten, wo Sichtbares und Unsichtbares ineinander übergingen – also in den Symbolen, denn diese Symbole sind wahrnehmbare Sinnbilder, die stellvertretend für nicht Wahrnehmbares stehen.

In Wertimaginationen aber geht es nicht um ein theologisch-kirchliches Fragen nach Gott, vielmehr um die Erfahrung »guter Mächte«, die uns das tief greifende Gefühl vermitteln, im Leben »wunderbar geborgen« zu sein (Bonhoeffer).[40] Es geht um die *Erfahrung* nicht verfügbarer, überwältigender Mächte, die auf uns zukommen und uns ins Leben bringen wollen und können, wenn wir uns ihnen öffnen.

Manche Imaginanden nennen diese guten Mächte Gott[41] und erleben Gott als personhaft,[42] als persönliches Gegenüber, andere finden diese Mächte nicht weniger ergreifend, geben ihnen jedoch keinen Namen und sprechen auch nicht von einer persönlichen Beziehung.

Wer spirituellen Bildern begegnet, sieht tiefer in sich und ins Leben hinein und weit darüber hinaus. Und das zeigt Wirkungen, die ich jetzt in zwei Punkten zusammenfasse und danach ausführen werde:

Erstens: Spirituell-wertimaginative Selbsterfahrung ist Erfahrung der Liebenswürdigkeit und Größe des Menschen. Sie schafft die Grundlage für neue Beziehungen zu sich und anderen – im Erkennen, Lieben und Handeln – und das hat zur Folge, dass die Beziehung zum Leben leichter, kraftvoller, freundlicher und liebevoller wird. Deshalb sind spirituelle Erfahrungen in Wertimaginationen ein Beitrag zur Rehumanisierung der Sicht des Menschen in unserer Zeit. Sie weiten unser Bewusstsein für die ursprüngliche Bestimmung des Menschen.

Zweitens: Spirituell-wertimaginative Selbsterfahrung weitet den Blick für die Mehrdimensionalität und Lebendigkeit des Lebens selbst. Sie öffnet die Tore der Immanenz, sodass der Blick frei wird zur Transzendenz. Wer in sich selbst die Tiefe seines Seins erfährt, erfährt nicht nur die Großartigkeit seines eigenen Lebens, sondern auch die Tiefe des Seins selbst. Das ganze Leben gewinnt eine neue Qualität, das spirituelle ebenso wie das »rein irdische«, das leibliche, seelische, geistige und soziale.

Nicht Bettler, sondern König

Der französische Philosoph Blaise Pascal hat gesagt, der Mensch sei ein König, wenn sein Purpurmantel auch zerschlissen und verkommen sei. Seine Bestimmung bleibe ihm, wie immer er auch sein Leben verfehle. Welch ein Satz! Spüren Sie, verehrter Leser, verehrte Leserin, welche Erleichterung und Befreiung, Freude und Hoffnung er auslöst, wenn Sie an die Möglichkeit denken, dass Ihr Wesen und Ihr Wert nicht mehr nach dem bewertet wird, was Sie im Leben zustande gebracht haben, sondern danach, was Sie Ihrer Bestimmung nach, also ursprünglich sind? Wer den Inhalt dieses Satzes begreift, wird fortan sich und andere anders sehen. Er könnte eine kopernikanische Wende im Selbstverständnis und im Umgang mit anderen Menschen bedeuten. Er würde der Geißel der Menschheit, dem Mangel an Gefühl für den Selbstwert, den Boden entziehen.

Und nun erinnern Sie sich daran, wie der unbewusste Geist und dessen Repräsentanten – ich meine die Wertgestalten – den Menschen sehen und mit ihm umgehen. Denken Sie an die inneren Verbündeten, die Geistvollen, die Unverletzbaren, die Lebenskünstler oder all die anderen: Sie sehen den Menschen nicht darauf hin an, was er nicht ist, nicht hat, nicht kann, was er versäumt, worin er schuldig geworden oder gescheitert ist – sie sehen ihn auf das hin an, was er *braucht*. Nicht nur das: Sie bewerten ihn nicht, sie beschuldigen ihn nicht, sie schätzen ihn wert, und er, der Imaginand, fühlt sich von ihnen ernst genommen, angenommen, geliebt. Wer das erlebt, weiß sich akzeptiert, fühlt sich aufgerichtet, gewinnt den berühmten aufrechten

Gang, gewinnt Selbstvertrauen, gewinnt auch die Fähigkeit, über sich selbst hinaus auf andere Menschen zu sehen, weil er sich nicht mehr damit befassen muss, was er nicht ist, nicht kann und nicht hat. Er wird nicht nur selbst lebens-, sondern auch liebes- und gemeinschaftsfähig. Und er wird zulassen können, dass andere Menschen eine andere Sicht des Lebens und des Göttlichen haben. Denn sein Bewusstsein hat sich erweitert.

Noch einmal: Wer sind denn diese inneren Gestalten? Keine Einbildungen, keine Projektionsgestalten unbewusster Wünsche, keine Fantasiefiguren, keine Phantome, sondern vom unbewussten Geist geschaffene, wirkungsmächtige Personifizierungen. Sie sind bislang nicht in die Realität hinein gelebte, personifizierte, reale Gefühlskräfte, die darauf warten, endlich wirken zu dürfen. Sie sind darauf aus, sich mit unserem Bewusstsein zu verbinden. Wenn das in einem Menschen Wirklichkeit wird, erkennt er in sich selbst und an anderen die menschlichen Perlen, die im Staube liegen, hebt sie auf und bringt sie zur Geltung. So wächst bei ihm und anderen das Vertrauen ins Leben, nach dem sie sich so lange sehnten.

Dem Leben vertrauen können, das ist das starke Gefühl, mich verlassen zu können – auf anderes Leben und auf mich selbst. Dem Leben vertrauen heißt auch, dass ich mit dem Unglück nicht eins werde, dass ich immer mehr bin als das, was auf mir lastet, dass die Vögel des Lichtes immer wiederkehren und sich nicht immer von ihren dunklen Artgenossen vertreiben lassen. Dem Leben vertrauen, das ist die im Herzen verwurzelte Hoffnung darauf, dass Sinn durchs Leben strömt, auch wenn ich ihn manchmal nicht sehe. Dem Leben vertrauen: weniger dem nur Sachlichen, das wir anfassen, messen und erklären können, mehr dem, was nicht gleich ins Auge fällt, dem Kern, dem Wesen der Dinge, dem, wovon die Kinder wissen – den verborgenen Schätzen, die oft geleugnet werden, nur weil man sie nicht sieht. Dem Leben vertrauen, das heißt im Tiefsten, der hellen warmen Hand zu vertrauen, von der die inneren Bilder wissen, jener Hand, die das ganz große und das ganz kleine Leben trägt und ihm Sinn gibt.

Vertrauen zu sich selbst aber und Vertrauen ins Leben sind kardinale Voraussetzungen für das Größte, von dem in Wertimaginationen die Rede ist: die Liebe. Unter allen Fährten des Lebens gibt es keine, die unmittelbarer in die Mitte des Menschseins führte als sie. Nichts befreit mehr, nichts füllt mehr aus, nichts ist heilsamer als sie. Sie begründet das Gefühl, dass – entgegen aller vordergründigen Erfahrung – das Licht stärker ist als die Dunkelheit, dass das »Wesen der Welt« aller hintergründigen Erfahrung nach Wohlwollen ist, Bejahung, Annahme, Sinn – nicht Ablehnung, Chaos, Verweigerung, Zerstörung.

Niemand, der solche wertimaginativen Erfahrungen machte, hat je gesagt, diese Liebe sei weltfremd, märchenhaft oder ätherisch, weil sie nicht nur Seele und Geist durchdringt, sondern auch alle Sinne, weil sie die Basis schafft für ein gefühltes Ja zum Leben.

Was ist das Besondere an der Liebe, die im unbewussten Geist gründet und uns in den Wertgestalten begegnet?

Sie ist bedingungslos. Sie rechnet nicht ab oder auf. Sie verklagt oder verurteilt nicht. Sie ist nicht nachtragend. Sie ist großzügig. Sie ist einfach.

Deshalb ist es von entscheidender Bedeutung, ob sich ein Mensch auf diese Liebe besinnt und sie lebt oder ob er sie verweigert. Darin besteht für ihn die größte Gefährdung und die größte Möglichkeit. Lebt er sie nicht, öffnet er dem Elend Tür und Tor. Lebt er sie, gewinnt sein Leben Glanz.

Die Welt in ihrer Mehrdimensionalität

In welche Dimensionen werden die Imaginanden gehoben, geflogen, gezogen, geschleudert! Zum Feuer im Innersten der Erde, zur Freiheit auf dem Gipfel unseres Planeten, in die Mitte der singenden Sonne, in die Mitte des klangvollen Kosmos, in alle Winkel vorstellbaren und unvorstellbaren Daseins, sogar in die Vorhöfe des Paradieses. Und wessen Blick nicht durch Science-Fiction-Filme verdorben ist, beginnt zu ahnen, dass solche Ausflüge des unbewussten Geistes, der ja nicht physikalisch denkt, keinen Spielcharakter haben. Diese Bilder sind Symbole für die rational nicht transparent zu machende Tatsache, dass wir »in mehreren Welten« leben, nicht »in einer zugesperrten Welt«, und dass die Grenzen, die unser Bewusstsein üblicherweise wahrnimmt, nur die Grenzen unserer *Wahrnehmung* sind, nicht aber die Wirklichkeit selbst.

Wird sich ein Mensch solcher Zusammenhänge bewusst – geht ihm auf, dass Leben weit mehr ist als das, was wir messen und erklären können –, dann begreift er, dass wir uns zwar in einer gänzlich unüberschaubaren, grenzenlosen, mehrdimensionalen, letztlich jedoch geordneten, gehaltenen und *einen* Welt bewegen. Dann erkennt er, dass es wichtigere und aufregendere Dinge im Leben gibt als jene, die ihn so oft bedrücken. Dann entwickelt er einen Blick für das Wesentliche, dann findet sein Geist jene Weite, die stark genug ist, die Angst vor dem Leben zu vertreiben. Doch weit mehr als das:

Er wird weltoffen. Und zu dieser Weltoffenheit gehört im Besonderen seine Suche nach Sinn und dem, der »diese

Welt im Innersten zusammenhält«. Denn wer dafür ein Gefühl gewinnt, dass die Welt zur Transzendenz hin offen ist, gewinnt jene spirituelle Musikalität, die sein Herz warm macht und seinen Geist weit. Ein solcher Mensch findet das Leben spannend. Er entwickelt Neugier. Er fühlt sich »von guten Mächten wunderbar geborgen«.

Und noch etwas: Ein solcher Mensch erlebt nicht nur Weite. Er erfährt auch, dass alles, was ist, belebt ist. Denken Sie nur an das Gedicht Joseph von Eichendorffs: »Schläft ein Lied in allen Dingen, die da träumen fort und fort, und die Welt hebt an zu singen, triffst du nur das Zauberwort.« Viele spirituelle Bilder zeigen, dass alles Leben trotz seiner unüberschaubaren Vielfalt zusammengehört und eine belebte Einheit und Ganzheit, ein Netzwerk bildet.

Der Wanderer der inneren Welt steht zum Beispiel am Strand des Meeres. Da fällt ihm ein glänzender Stein auf. Er sieht in ihn hinein und entdeckt einen Festsaal in unvergleichlicher Schönheit. Oder: Er findet eine Lotusblume, schaut in die Blüte hinein und entdeckt in ihr eine weiß gekleidete lichte Gestalt. Oder: Er horcht in den Wind hinein und hört Lieder aus uralter Zeit. Oder: Er sieht in die Mitte der Sonne, und die Erlösergestalt kommt ihm entgegen. In allem, was ist, begegnen wir Leben.

Ein Lied, eine Lebendigkeit in allen Dingen? Ist dieser Gedanke nicht unrealistisch, schwärmerisch? Ist er nicht ein Rückfall in magisches Denken? Nur für den, der lediglich gelten lässt, was er anfassen und messen kann. Und die Bedeutung für das konkrete Leben? Was uns umgibt und womit wir leben, fordert uns zur Achtsamkeit heraus. Was wir beachten, findet unsere Achtung. Was wir ansehen, gewinnt unser Ansehen. Überall dort aber, wo das geschieht, kommen neue Beziehungen zum Leben und damit neuer Sinn zum Vorschein. Ein Wanderer der inneren Welt macht die Erfahrung: »Wir sind ein Teil der Erde, und sie ist ein Teil von uns. Die duftenden Blumen sind unsere Schwestern, die Rehe, das Pferd, der große Adler – sind unsere Brüder. Die felsigen Höhlen, die saftigen Wiesen, die Körperwärme des Ponys – und des Menschen –, sie alle gehören zur gleichen Familie.«[43]

Das Licht ist stärker als die Dunkelheit

Nichts in der inneren Welt ist stärker als das Licht. Wenn es sich zeigt, sind die größten Gefährdungen überwunden. Dann ahnt oder erkennt der Imaginand Auswege. Dann wird ihm warm ums Herz. Dann fühlt er Lebenskraft. Dann weiß er, dass dieses Licht »mehr« ist als das Licht des Tages. Er weiß, dass es göttliches Licht ist. Selbst Menschen, die sich unreligiös nennen, spüren das.

Nach dem Studium mehrerer Tausend Wertimaginationen, in denen das Licht eine besondere Rolle einnahm, habe ich die Überzeugung gewonnen, dass im Unbewussten die Dunkelheit zwar quantitativ überwiegt, qualitativ jedoch das Licht stärker ist als sie, jedenfalls für den, der es sucht und sich nach ihm ausrichtet. Das Licht ist die Kraftquelle des Lebens. Es ist das Licht, das die Tiefe ausfüllt, nicht die Dunkelheit. Das bedeutet?

Das Dunkle im Leben drängt sich von selbst auf – das Helle muss man suchen. Die Wut zum Beispiel kommt über mich – um Versöhnung muss ich mich bemühen. Die Zwänge, gleich welcher Art, nehmen mich gefangen – nach der Freiheit muss ich mich ausstrecken. Unglück stellt sich von selbst ein – nach Gründen für Glück muss ich suchen. Die dunklen Kräfte kommen ungerufen – für die »guten Mächte« muss ich mich öffnen.

Leben zwischen Realität und Utopie

Das alles klingt so, als ob das Paradies bereits jetzt und hier erreichbar wäre, wird der eine oder andere Leser argwöhnen. Ist das so? Nein und Ja.

Nein, weil die Polarität des Lebens bestehen bleibt, solange die Erde besteht. Die Erfahrung zeigt, dass selbst die Freiheit diesem Spannungsfeld nicht entnommen ist und wir uns daher immer wieder auch gegen uns selbst entscheiden können. Es bewohnen »zwei Seelen unsere Brust«, wobei die eine das »Paradies« will, die andere dessen Gegenteil.

Ja, weil die Erfahrung zeigt, dass zum Beispiel in Wertimaginationen Imaginanden sich in bestimmten Situationen ganz und eins mit sich, der Welt und dem Leben fühlen und »hier«, also an dem inneren Ort, an dem sie sich gerade befinden, »nicht mehr weg wollen«. So erfahren sie die ganze Fülle des Lebens – aber eben nur situativ, nicht bleibend. Und darüber hinaus?

Wer kontinuierlich die Welt des Geistes aufsucht und im Lauf der Zeit die Barrieren reduziert, die seine Sicht ins »Paradies« behindern, wird erfahren, dass er – ich sagte es schon – leichter, zuversichtlicher, hoffnungsstärker und sinnvoller leben kann. Er wird, sofern er seinem Selbstverständnis nach nicht immer schon so lebte, einen spürbaren Zuwachs an Lebensfreude bemerken. Mehr als das: Er wird das Leben lieben, selbst dann, wenn ihm manchmal der Blick über den Horizont hinaus verdunkelt ist. Er wird oft genug in heiterer Nüchternheit auf sich und die Welt sehen und wissen: Es ist gut zu sein.

Anhang

Der Therapeut in mir

Wie oft habe ich mir die Frage gestellt, wie denn ein guter Therapeut oder Mentor für Persönlichkeitsbildung zu sein habe! Was alles habe ich darüber gelesen! Irgendwann kam ich auf die Idee, in einem Kollegenkreis diese Frage imaginativ zu behandeln, nachdem ich beste Erfahrungen damit gemacht hatte, die Frage nach den Bedingungen für ein gelingendes Gespräch aus dem Souterrain des Geistes heraus beantworten zu lassen. Ein Beispiel möchte ich Ihnen gern vorstellen.

Als Ziel der Wertimagination hatte ich den inneren Therapeuten gewählt. Das Beispiel demonstriert eindrucksvoll, was das viel zitierte ganzheitliche Behandeln für den inneren Therapeuten umspannt. Was mag nur seine Demonstration für den konkreten Alltag bedeuten?!

Mein innerer Arzt kommt mir allein auf der Allee entgegen, die eigentlich zu meinem Schloss führt. (*Das Schloss ist ein häufiges allgemeines Symbol für die gegenwärtige innere Situation eines Menschen*). Es ist ein sonniger Tag. Anstatt mich zu begrüßen, fühlt er mir meinen Puls und die Stirn und schüttelt missbilligend seinen Kopf. Ungeachtet dessen führt er mich ohne viele Worte in eine neue Landschaft.

Vorübergehend sehe ich uns beide aus der Seitenansicht. Wir stehen auf einem riesigen, flachen Felsvorsprung aus Schiefer. Der Felsvorsprung ragt weit ins Meer hinaus, das sehr bewegt ist. Der Himmel ist dunkel und scheint auf uns zuzurollen.

Ganz plötzlich fühle ich, dass der innere Therapeut hinter mir steht. Ich weiß, dass er ein älterer, ergrauter, weiser Mann ist.

Sein Körper ist dagegen jugendlich, muskulös. Seine Haltung ist sehr aufrecht. Er will mir nun zeigen, »wie es geht«. Mir ist deutlich, es geht ihm um Balance.

Zuerst verlängert er mein rechtes Bein, das offenbar verkürzt ist, mit ein paar gekonnten Übungen, fasst dann mein Becken von hinten mit beiden Händen und lockert meine Hüftgelenke. Anschließend fährt er mit den Fingern meine Wirbelsäule entlang, von unten nach oben. Nun beginnt er meine Ellbogen- und Schultergelenke auszuschütteln und fährt rechts und links des Nackens hoch bis zum Hals. Ich verspüre eine totale körperliche Ausrichtung und Ausgewogenheit. Dies ist ein neues, aber völlig natürliches Gefühl.

Was nun aber passiert, ist bemerkenswert. Dadurch dass mein rechtes Bein verlängert wurde, habe ich das Gefühl, ich würde seitlich nach links überhängen. Der innere Therapeut bedeutet mir daher, ihm in mein Gehirn zu folgen. Denn dort werde meine nicht vorhandene Körperbalance ausgeglichen und die überflüssige Funktion ihrerseits korrigiert.

Wir gelangen zuerst in die linke Hirnhälfte (*Denkbereich*). Sie hat die Form eines Torpedos, ganz stromlinienförmig, aber gleichzeitig schwer und nicht wendig. Über eine wunderschöne venezianische Brücke gelangen wir zur rechten Hirnhälfte (*Gefühlsbereich*). Sie hat eine unregelmäßige Form, wie eine exotische Blüte, ist ganz lebendig, gesund, natürlich und dynamisch. In der linken Hirnhälfte machen sich jetzt Männer daran, ein rotes (*Symbol des Weiblichen*) Seil über eine Mauer zur rechten Hirnhälfte zu werfen. Dies gilt dem Ausgleich der Körperbalance auch im Gehirn. In der rechten Hirnhälfte werfen Frauen ein blaues (*Symbol des Männlichen*) Seil nach links über die Mauer. Daraufhin beginnt die linke Hirnhälfte aufzublühen. »Dies ist nur der Anfang!«, sagt mir mein innerer Therapeut.

Nun beginnt eine neue Untersuchung. Der Therapeut stellt sich vor mich und ich soll meine beiden Hände auf seine Handrücken legen. Mit geschlossenen Augen und ganz im Stillen wandert er im Geiste durch meinen Körper, so als wolle er die psychischen Auswirkungen auf meine Organe, Gefäße etc. überprüfen. Es erscheint mir wie eine sehr subtile Form der Kinesiologie.[44] Mit dieser Untersuchung ist er zufrieden.

Anschließend schaut er mir in meine Augen – in beide Augen gleichzeitig! – und damit in meine Seele. Er holt mehrere Paare meiner inneren Gestalten daraus hervor – Animus und Anima, meine beiden Verbündeten, die beiden alten Weisen und den inneren Vater und die innere Mutter (*Symbole des Väterlichen und Mütterlichen*), die Indianer und die Ärzte. Ganz offensichtlich wählt er keine Gestalten, die menschliche Eigenschaften verkörpern, sondern diejenigen, die sozusagen zur rein menschlichen »Grundausstattung« gehören. Wie kleine Satelliten kreisen diese guten Gestalten nun um mich herum, in einem Abstand, den ich als die »Idealaura« empfinde. Mehr und mehr spüre ich meine tragende Mittelachse – mein unverletztes inneres Kind. Und gleichzeitig wird mir bewusst: In jedem unverletzten inneren Kind ist der ursprüngliche Geist. Dieses ganz starke Gefühl erfüllt mich mehr und mehr und füllt mich schließlich ganz aus. Zentrierung, Verwurzelung, aber auch Unendlichkeit.

Der Blick in die Weite hat sich verändert. Eine freundliche, grüne Landschaft ist vor mir entstanden. Der Felsvorsprung senkt sich herab und vereint sich mit der Landschaft. Vor mir tut sich ein gerader Weg in ein neues Land auf. Zuerst ist die Natur wild wie ein Urwald. Es gilt, Unwegsames urbar zu machen. Dahinter wartet ein »süßes« Land. Hier herrscht absoluter Friede!

Anmerkungen

1 Zink 2001, S. 192
2 Zitiert in Jaspers 1995, S. 327
3 ebd.
4 ebd.
5 ebd., S. 328
6 Benjamin Minor, cap. 71
7 Meister Eckart, S. 738
8 Frankl 1992
9 ebd., S. 47
10 Jung 1972, S. 64
11 Linnewedel 1983, S. 156 f.
12 Jung 1977 (1), S. 182
13 Jung 1972, S. 81
14 Jung 1963, S. 116
15 Jung in Jaffé 1977, S. 207
16 *Unsere Tiefe ist hell. Wertimagination – ein Schlüssel zur inneren Welt.* München 2005
17 Frankl 1993, S. 174
18 Pascal, zitiert nach Frankl 1998
19 Müller 1968, S. 233 f.
20 Mentor nenne ich den Begleiter von Klienten, die Wertimaginationen im Rahmen Wertorientierter Persönlichkeitsbildung erfahren. Siehe dazu mein Buch: *Worauf es ankommt. Werte als Wegweiser*, München 2006, S. 19 ff.
21 Zink 1999, S. 145
22 Zink 2001, S. 16
23 Lurker 1991, S. 434 f.: »Licht ist in seiner Hindeutung auf das Göttliche, das Immaterielle, das Gute und das Leben eines der religiösen Ursymbole der Menschheit. Es ist die Kraftquelle des Lebens. Es ist das Licht, das die Tiefe ausfüllt, nicht die Dunkelheit.«
24 Dem Blick einer Wertgestalt folgen bedeutet, eine neue

Blickrichtung zu gewinnen. Stellt sich ein Imaginand hinter eine Wertgestalt und sieht durch deren Augen, gewinnt er nicht nur eine neue Blickrichtung, sondern wird darüber hinaus mit der Energie beschenkt, die der jeweiligen Wertgestalt eigen ist.

25 In Imaginationen denken wir verständlicherweise nicht physikalisch).

26 *Philosophisches Wörterbuch*, hrsg. von Georgi Schischkoff. Stuttgart 1995, S. 314

27 Bernard Tapie: »Lebenskünstler nehmen von allem, jedoch nur das Beste.«

28 Wilhelm Raabe: »Man erlebt nicht, was man erlebt, sondern wie man es erlebt.«

29 Immer wieder führt das imaginative Erleben zu einem Gefühl, einen Auftrag, »in der Welt« ausführen zu sollen. Damit wird deutlich, dass die Arbeit in der inneren Welt alles andere als Nabelschau ist, sondern zum Handeln im konkreten Leben geradezu herausfordert.

30 Siehe dazu »Wege zum Sinn«; in: Böschemeyer 2006, S. 113 ff.

31 Frankl 1972, S. 118

32 Die inneren Indianer haben nichts mit den berühmten Karl-May-Gestalten zu tun. Sie sind die symbolische Personifizierung der Natürlichkeit. Sie kennen die Gesetze elementaren Lebens, kennen die natürlichen Wege im Leben, sind Spurensucher, haben eine natürliche Identität.

33 Immer wieder »weiß« ein Imaginand, was ein Symbol zu bedeuten oder was er zu tun hat. Dieses Wissen ist ein Evidenzgefühl, ein inneres Wissen, das keiner weiteren Untersuchung bedarf.

34 Wollte die Imaginandin erfahren, welche konkreten »Einschläge des Lebens« die Seele meint, könnte sie sich diese von ihrem inneren Wahrheitsfinder zeigen lassen.

35 Lurker: »Licht ist in seiner Hindeutung auf das Göttliche, das Immaterielle, das Gute und das Leben eines der religiösen Ursymbole der Menschheit.«

36 Nach C.G. Jung ist die Anima die unbewusste weibliche

Komponente in der Seele des Mannes, der Animus die unbewusste männliche Komponente in der Seele der Frau.

37 Erikson 1971

38 Böschemeyer 2006, S. 65

39 Siehe dazu Goller 2003, S. 91 ff.

40 Daher scheinen mir Wertimaginationen *eine* Form zu sein, »weltlich von Gott (zu) reden« (Bonhoeffer).

41 Martin Buber hat einmal gesagt, das Wort »Gott« sei gewiss das beladenste aller Menschenworte, eben darum jedoch das unvergänglichste und unumgänglichste.

42 Buber sagt im selben Zusammenhang, der Begriff »Personhaftigkeit« sei freilich außerstande, das Wesen Gottes zu deklarieren, aber es sei erlaubt und nötig zu sagen, Gott sei *auch* Person.

43 Häuptling Seattle: *Diese Erde ist uns heilig*, 1978, S. 4

44 Lehre von der Bewegung, ein alternatives Heilverfahren

Literatur

Uwe Böschemeyer: *Unsere Tiefe ist hell. Wertimagination – ein Schlüssel zur inneren Welt.* München 2005

ders.: *Worauf es ankommt. Werte als Wegweiser.* München [2]2006

Meister Eckart: *Deutsche Werke, Band II.* Stuttgart seit 1936

Erik H. Erikson: *Identität und Lebenszyklus.* Frankfurt a. M. [12]1971

Viktor E. Frankl: *Der Wille zum Sinn.* Bern/Stuttgart/Wien 1972

ders.: *Der unbewusste Gott. Psychotherapie und Religion.* München [7]1992

ders.: *Theorie und Therapie der Neurosen.* München [7]1993

ders.: *Der Mensch vor der Frage nach dem Sinn.* München/Zürich [10]1998

Hans Goller: *Das Rätsel von Körper und Geist. Eine philosophische Deutung.* Darmstadt 2003

Karl Jaspers: *Die großen Philosophen.* München [5]1995

Carl Gustav Jung: *Gesammelte Werke, Band X.* Olten 1963

ders.: *Bewusstes und Unbewusstes.* Frankfurt a. M. [12]1972

ders.: »Die Beziehung der Psychotherapie zur Seelsorge« in: *Psychotherapie und Seelsorge.* Hrsg. von V. Läpple und J. Scharfenberg, Darmstadt 1977

ders.: »Brief, 13.III.1958« in Aniela Jaffé: C.G. *Jung, Bild und Wort.* Olten 1977

Jürgen Linnewedel: *Meister Eckharts Mystik. Zugang und Praxis für heute.* Stuttgart 1983

Manfred Lurker: *Wörterbuch der Symbolik.* Stuttgart [5]1991

Lutz Müller: *Suche nach dem Zauberwort, Identität und schöpferisches Leben.* Stuttgart 1986

Seattle: *Diese Erde ist uns heilig. Die Rede des Häuptlings Seattle an den Präsidenten der Vereinigten Staaten von Amerika im Jahre 1855.* Hrsg. von der Arbeitsgemeinschaft der Evangelischen Jugend, Stuttgart [3]1978

Jörg Zink: *Jesus – Funke aus dem Feuer.* Freiburg i. B. 2001

ders.: *Auferstehung. Und am Ende ein Gehen ins Licht.* Stuttgart 1999

Auswahl der Literatur von Uwe Böschemeyer

Vom Typ zum Original. Die neun Gesichter der Seele und das eigene Gesicht. Ein Praxisbuch zum Enneagramm. (Books on Demand)

Zu den Quellen des Lebens. Meditationen für den neuen Tag. Lahr 1995 (nur noch im Institut erhältlich)

Neu beginnen! Konkrete Hilfen in Wende- und Krisenzeiten. Lahr 1996 (nur noch im Institut erhältlich)

Das Leben meint mich. Meditationen für den neuen Tag. Hamburg 2004

Das Leben meint uns. 111 Ermutigungen für Paare. München 2002

Sich selbst bejahen. Hamburg 2002

Die Sprache der Träume. Hamburg 2002

Sinn für mein Leben finden. Hamburg 2002

Die Kraft deiner Gedanken. Hamburg 2002

Bei sich beginnen. 17 Wege zum Glück. Hamburg 2004 (mit M. van Cappellen)

Unsere Tiefe ist hell. Wertimagination – ein Schlüssel zur inneren Welt. München 2005

Worauf es ankommt. Werte als Wegweiser. München ²2006

Weiterführende Informationen über Theorie und Praxis der Wertimagination erhalten Sie hier:

Hamburger Institut für Wertimaginative Logotherapie
Akademie für Wertorientierte Persönlichkeitsbildung
Barckhausenstraße 20
21 335 Lüneburg
Telefon: 04131 / 403844
Telefax: 04131 / 403845

sekretariat@boeschemeyer.de
www.logotherapie-hamburg.de
www. wertorientierte-persoenlichkeitsbildung.de

Informationen zum Autor

DR. UWE BÖSCHEMEYER wurde 1939 geboren. Er studierte evangelische Theologie und widmete sich Studien in Philosophie und Psychologie. Seine Dissertation über die Sinnfrage in der Existenzanalyse und Logotherapie Frankls aus theologischer Sicht erschien 1977 als sein erstes Buch.

1975 erwarb er bei Prof. Viktor Frankl in Wien sein Zertifikat in Logotherapie und Existenzanalyse und wurde von ihm 1980 auch zur Lehre der existenzanalytischen Logotherapie autorisiert. 1982 gründete er das *Hamburger Institut für Existenzanalyse und Logotherapie*. 2000 erhielt er das Europäische Zertifikat für Psychotherapie (ECP). 2006 wurde er zum Rektor der *Europäischen Akademie für Wertorientierte Persönlichkeitsbildung* in Salzburg ernannt.

Schwerpunkte seiner Arbeit sind die Wertimaginative Logotherapie und die von ihm entwickelten Konzepte der Wertimagination (WIM®) und der Wertorientierten Persönlichkeitsbildung (WOP®). Seit 1975 ist Uwe Böschemeyer wissenschaftlicher Mitarbeiter des Hamburger Abendblatts. Er publizierte zahlreiche Bücher und Aufsätze.